2020 APEC 农业合作报告

◎ 肖琴 何英彬 李茜 安兴奎 王晨 等著

 中国农业科学技术出版社

图书在版编目（CIP）数据

2020APEC 农业合作报告 / 肖琴等著. —北京：中国农业科学技术出版社，2020.11

ISBN 978-7-5116-5080-1

Ⅰ.①2… Ⅱ.①肖… Ⅲ.①亚太经济合作组织-农业合作-研究报告-2020 Ⅳ.①F116②F330.31

中国版本图书馆 CIP 数据核字（2020）第 218883 号

责任编辑　李冠桥
责任校对　贾海霞

出 版 者	中国农业科学技术出版社
	北京市中关村南大街 12 号　邮编：100081
电　　话	（010）82109705（编辑室）　（010）82109704（发行部）
	（010）82109709（读者服务部）
传　　真	（010）82106625
网　　址	http://www.castp.cn
经 销 者	各地新华书店
印 刷 者	北京建宏印刷有限公司
开　　本	710mm×1 000mm　1/16
印　　张	10.25
字　　数	200 千字
版　　次	2020 年 11 月第 1 版　2020 年 11 月第 1 次印刷
定　　价	120.00 元

版权所有·翻印必究

主要作者简介

肖琴，中国农业科学院农业资源与农业区划研究所助理研究员，主要从事APEC农业合作、农业经济理论与政策、区域发展、农业绿色发展等方面的研究。先后主持、参与国家自然科学基金面上项目、国家软科学研究计划重大项目、农业农村部软科学研究项目等10余项，在《农业经济问题》《农业技术经济》《中国科技论坛》等中文核心期刊发表论文10余篇，出版著作3部，作为主要执笔人编制省部级政府发布绿皮书2部。

何英彬，中国农业科学院农业资源与农业区划研究所研究员。2004—2005年赴意大利海外农业研究所（IAO）学习，获得"3S技术"与自然资源评价专业硕士学位；2006年9—12月赴日本国际农林水产业研究中心（JIRCAS）作访问学者；2008年12月赴澳大利亚墨尔本作访问学者，从事土地适宜性评价研究；2014年5月正式受聘于澳大利亚昆士兰大学，成为其农业遥感监测与预测领域的客座教授；2015年11月，正式受聘于天津工业大学，成为其作物种植适宜性等研究领域的客座教授。曾多次出访澳大利亚、美国、日本、新加坡、加拿大、马来西亚等国家从事学术交流活动。此外，近年专注于马铃薯领域研究，并与国际马铃薯中心（CIP）开展了较为深入的互动与合作。先后主持国家自然科学基金面上基金、青年基金、APEC组织项目、中澳政府间合作项目、财政部专项、农业农村部专项等10余项；参加国家自然科学基金重点项目、科技部"973"课题、科技部国际合作重大项目、科技部国家科技支撑计划项目、科技部公益项目及平台项目10余项。发表论文50余篇，其中SCI/EI论文10余篇；撰写并已出版有关马铃薯方面的专著1部，译著2部，其他以主编身份专著编著5部，参与编著论著6部；获得软件著作权1份；得奖5项。

《2020APEC农业合作报告》著者名单

肖 琴　何英彬　李 茜　安兴奎　王 晨
罗善军　张远涛　张文博　李志强

前　言

APEC（亚太经合组织）把"相互依存，共同受益，坚持开放的多边贸易体制和减少区域内贸易壁垒"视为宗旨，逐渐从一个松散的论坛演进为较为紧密的区域经合组织，为推动亚太区域贸易投资自由化和经济技术合作、促进地区经济发展做出了重要贡献。亚太经合组织成立30年来，在机制建设和多个合作领域取得了引人注目的成果。国际和亚太地区政治经济格局的演变，各种内部和外部因素的叠加给APEC带来了新的机遇和挑战。

经济全球化与区域经济一体化是当代世界经济发展的两个主要特点，2020年新冠疫情的暴发使得区域合作显得愈发重要。为了进一步推进区域合作，笔者认为有必要梳理当前APEC地区农业发展与合作、粮食安全保障等新情况和新问题，在基于大量调查研究、文献查阅和相关报道的基础上撰写此书，以期本书在实现APEC地区农产品生产、销售、流通、贸易和投资、区域优势互补、资源共享等方面继续保持原有的且与时俱进的理论指导意义。

《2020 APEC农业合作报告》重点梳理了目前APEC地区的焦点问题，并且介绍了与APEC相关的部分重要议题，如数字经济、智慧农业、妇女发展、农产品贸易等，笔者将这些问题进行总结后撰写成此书。本书共分为八章，第一章总结了2020年APEC农业合作重点，并详细地阐述了重点合作的3个方面（由何英彬和李志强负责），第二章主要介绍了APEC"茂物目标"，阐述了"茂物目标"的提议过程和实现进展，并分析了"茂物目标"实现的障碍和路径（由李茜和罗善军负责），第三章主要介绍了APEC数字经济，较为详实地介绍了APEC数字经济的发展历程、机遇、合作现状、挑战和前景展望（由李茜和罗善军负责），第四章重点介绍了APEC地区智慧农业的发展现状，还就中国和其他成员体的智慧农业案例进行了分析（由肖琴和王晨负责），第五章整理了APEC愿景小组报告（由安兴奎和张远涛负责），第六章系统分析了APEC成员体间的农产品贸易情况（由李志强和王晨负责），第七章分析了APEC妇女发展的主要情况（由安兴奎、肖琴和张文博负责），包括妇女参与经济的情况和妇女参与各领域活动的主要成果,并且对未来的趋势进行了分析和展望,第八章介绍了 2020 APEC 粮食安全路线图,包括 3 个工作组的优先领域、新冠疫情对 APEC 地区粮食安全的影响、粮食安全的未来发展和为确保粮食安全所开展的工作(由肖琴、何英彬、李茜、罗善军负责)。全书由肖琴和何英彬总体设计、统稿、定稿。

本书在写作过程中得到了农业农村部国际合作司及国际司国际处领导的大力支持,同时,国家粮食和物资储备局、外交部、中国农业科学院、中国农业科学院农业资源与农业区划研究所有关领导也给予了关怀。此外,还有一些老师与学生参与了资料收集和部分撰写工作,在此一并表示衷心的感谢!

由于作者水平和写作时间有限,内容的完整性、系统性和准确性可能不尽如人意,书中难免存在疏漏之处,在此作者恳请各位学者、同行和广大读者给予批评指正。

著　者

2020 年 9 月于北京

目 录

第一章 2020APEC 农业合作重点 (1)
第一节 2020APEC 合作主题和构想 (1)
第二节 合作重点一——改进贸易和投资 (2)
一、亚太经合组织 2020 年后愿景 (3)
二、寻找 GDP 之外衡量经济发展有效指标 (4)
三、包容性和负责任的贸易与投资 (5)
第三节 合作重点二——通过数字经济和技术进步实现包容性经济参与 (5)
一、建立亚太经合组织数字经济虚拟研究所 (7)
二、赋予妇女领导权 (7)
三、对就业岗位的影响 (8)
四、有利于初创企业和社会企业健康的生态系统 (9)
五、促进人口老龄化社会的智能生活 (9)
第四节 推动可持续性创新 (10)
一、通过循环经济创新废弃物管理 (11)
二、推进粮食安全议程 (12)
三、可持续清洁能源 (12)

第二章 APEC"茂物目标" (13)
第一节 "茂物目标"历史背景 (14)
一、"茂物目标"初始阶段 (15)
二、"茂物目标"发展阶段 (18)
三、"茂物目标"评估与调整阶段 (19)
四、后"茂物目标"阶段 (22)
第二节 "茂物目标"的实现进展 (24)
一、关税总体上呈下降趋势 (24)

二、非关税壁垒呈减少趋势 ………………………………… (27)
　　三、服务业开放程度不断提高 ……………………………… (28)
　　四、投资门槛不断降低 ……………………………………… (29)

第三节　"茂物目标"实现的障碍 ……………………………… (30)
　　一、内部机制问题逐渐显现 ………………………………… (30)
　　二、APEC 各成员体间差异较大 …………………………… (31)
　　三、APEC 议题不断扩展的影响 …………………………… (32)
　　四、"茂物目标"的执行存在困难 ………………………… (33)
　　五、贸易保护主义带来负面影响 …………………………… (34)
　　六、新增自由贸易区的影响 ………………………………… (35)

第四节　实现"茂物目标"的路径 ……………………………… (38)
　　一、继续坚持自由化的贸易投资方向 ……………………… (38)
　　二、实现无缝区域经济 ……………………………………… (40)
　　三、改变 APEC 运行方式 …………………………………… (40)
　　四、不断学习国际经贸规则制订的先进经验 ……………… (40)

第三章　APEC 数字经济 ………………………………………… (42)
　第一节　数字经济的含义 ……………………………………… (43)
　第二节　APEC 数字经济的发展历程 ………………………… (45)
　　一、起步阶段 ………………………………………………… (46)
　　二、探索阶段 ………………………………………………… (47)
　　三、总体框架建设阶段 ……………………………………… (47)
　　四、具体实施阶段 …………………………………………… (48)

第三节　APEC 数字经济的合作现状 …………………………… (48)
　　一、议题不断拓展 …………………………………………… (48)
　　二、合作项目不断增加 ……………………………………… (49)
　　三、成员体普遍参与 ………………………………………… (51)
　　四、合作领域更加广泛 ……………………………………… (51)
　　五、项目形式和资金来源逐渐多样化 ……………………… (52)
　　六、数字鸿沟逐渐缩小 ……………………………………… (52)

第四节　APEC 数字经济的挑战 ………………………………… (53)
　　一、数据隐私和安全 ………………………………………… (53)

二、保护知识产权和数据共享 ……………………………………… (54)
　　三、多维数字鸿沟 …………………………………………………… (54)
　　四、就业硬币的正反面 ……………………………………………… (55)
　　五、数字经济合作可能面临的挑战 ………………………………… (56)
　　六、衡量数字经济的挑战 …………………………………………… (57)
　第五节　APEC数字经济的机遇 ………………………………………… (58)
　　一、新的商业模式 …………………………………………………… (58)
　　二、以更低的成本提供更广泛的机会 ……………………………… (60)
　　三、数据、企业和社会 ……………………………………………… (62)
　　四、独特的运行方式和组织结构 …………………………………… (64)
　第六节　APEC数字经济的前景展望 …………………………………… (66)
　　一、完善数字基础设施 ……………………………………………… (66)
　　二、不断拓宽合作领域 ……………………………………………… (66)
　　三、继续缩小数字鸿沟 ……………………………………………… (67)
　　四、改革合作机制 …………………………………………………… (67)
　　五、APEC数字经济发展的对策建议 ……………………………… (67)

第四章　智慧农业 …………………………………………………………… (70)
　第一节　智慧农业的发展现状 …………………………………………… (70)
　　一、智慧农业的定义 ………………………………………………… (70)
　　二、智慧农业的发展历程 …………………………………………… (70)
　第二节　智慧农业在APEC地区发展和应用的典型案例 ……………… (74)
　　一、智慧农业在中国发展和应用的典型案例 ……………………… (74)
　　二、智慧农业在其他APEC成员体发展和应用的典型案例 ……… (78)

第五章　APEC愿景小组报告 ……………………………………………… (90)
　第一节　公众与繁荣：APEC 2040年愿景 ……………………………… (90)
　　一、APEC应在全球经济合作领域发挥领导作用 ………………… (92)
　　二、APEC应该进一步加强亚太地区的经济一体化 ……………… (93)
　　三、APEC应将包容和妇女经济权力列为优先事项 ……………… (93)
　　四、APEC应支持数字经济发展和成员体的创新增长 …………… (94)
　　五、APEC应加快发展终身技能和数字技术素养 ………………… (95)
　　六、APEC应推进稳健而全面的结构改革 ………………………… (95)

七、APEC应优先发展优质基础设施……………………………………(96)
　　八、APEC在气候变化和环境可持续性方面应与区域和国际组织
　　　　协调一致……………………………………………………………(96)
　　九、APEC应加强与主要利益相关者的互动…………………………(97)
　　十、APEC应调整其工作方法和相关资源推进2020年后愿景
　　　　设计…………………………………………………………………(98)
　第二节　APEC愿景小组成员……………………………………………(98)
　第三节　APEC愿景小组职权范围………………………………………(104)

第六章　亚太经合组织成员体农产品贸易分析……………………(105)
　第一节　中国与APEC成员体开展农业贸易的意义……………………(105)
　第二节　中国农产品进出口统计分析……………………………………(106)
　　一、中国农产品进出口概况……………………………………………(107)
　　二、中国畜产品进出口概况……………………………………………(109)
　　三、中国油类及其他农产品进出口情况………………………………(111)
　第三节　中国与APEC各成员体农业贸易典型案例介绍………………(112)
　　一、中美农产品贸易分析………………………………………………(113)
　　二、中俄农产品贸易分析………………………………………………(114)
　　三、中澳农产品贸易分析………………………………………………(115)
　　四、中日农产品贸易分析………………………………………………(116)
　　五、中韩农产品贸易分析………………………………………………(116)
　　六、中国与亚太其他成员体贸易分析…………………………………(117)
　第四节　中国参与APEC农产品贸易的展望……………………………(117)

第七章　APEC妇女事业………………………………………………(119)
　第一节　APEC地区妇女参与经济活动的情况…………………………(119)
　　一、APEC地区男女劳动参与率的差别………………………………(119)
　　二、就业和薪酬歧视……………………………………………………(120)
　　三、监管性的就业限制…………………………………………………(121)
　　四、职业标准障碍………………………………………………………(121)
　　五、对妇女产后返岗的障碍……………………………………………(122)
　　六、性骚扰对妇女就业的限制…………………………………………(123)
　　七、科技进步为妇女就业提供了发展机遇……………………………(123)

第二节 APEC成员体妇女参与各领域活动的主要成果及问题……（124）
　　一、获得资本和资产……（126）
　　二、市场准入……（126）
　　三、技能、能力建设和健康……（127）
　　四、参与领导、发出妇女声音和参与制定机制……（128）
　　五、参与创新和技术培训……（129）
第三节 APEC地区妇女参与经济的盘点与展望……（129）
　　一、APEC地区妇女参与经济的盘点……（129）
　　二、APEC地区妇女参与经济的展望……（131）

第八章　粮食安全路线图……（134）

第一节 APEC粮食安全路线图的概述……（134）
　　一、APEC粮食安全路线图2020年目标……（134）
　　二、"零饥饿行动"……（135）
　　三、建设有韧性的基础设施以促进可持续工业化和创新……（135）
　　四、确保可持续的消费和生产模式……（136）
第二节 APEC粮食安全路线图的盘点……（136）
　　一、促进农业包容性发展……（137）
　　二、改善商业环境……（137）
　　三、实现可持续性……（137）
　　四、传播数字技术……（138）
第三节 APEC地区面临的潜在粮食危机……（138）
　　一、APEC地区的蝗灾威胁……（139）
　　二、国际合作面临的挑战……（139）
第四节 APEC粮食安全未来发展的展望……（140）
　　一、2020APEC粮食安全展望……（140）
　　二、关键的优先合作领域……（140）
　　三、APEC成员体为确保粮食安全开展的工作案例……（142）

主要参考文献……（146）

第一章 2020APEC农业合作重点

第一节 2020APEC合作主题和构想

APEC（亚太经合组织）2020年的合作主题是"优化人类实现未来共同繁荣的潜力"。亚太经合组织2020年的目标是重新调整亚太经合组织的议程，使其回到实现亚太地区真正包容各方的可持续经济增长和繁荣的根本目的上来。作为东道主，马来西亚将着重强调以人为本，使亚太经合组织更加亲民，在各成员体之间建立平衡和公平的合作，以实现该区域更加包容和可持续的发展。

这一主题以两个主要因素为基础，即一是确保"没有人掉队"的经济增长；二是公平参与，并从经济增长中受益。这一主题的创意来源于前马来西亚总理 Tun Mahathir Mohamad 在1997年东盟外交部长第30次会议上的讲话中提到的"繁荣你的邻居"，其根本意图是促进友谊和团结精神，以确保互利的贸易关系，之所以提出这个倡议，是因为邻国通常是很好的贸易伙伴，彼此之间成就可以减少摩擦，解决很多政治问题。把这一倡议放在亚太经合组织的框架下，就可以诠释为每个亚太经合组织成员体都必须相互帮助，实现地区稳定和繁荣。

2020APEC合作主题还进一步强调贸易与投资的协调性，挖掘APEC地区公众的潜力，重视该地区共同的福祉与繁荣，其与刚刚公布的马来西亚2030年共同繁荣愿景（SPV2030）相辅相成，该愿景旨在确保马来西亚经济可持续增长，实现收入公平分配，达到国家繁荣的目标。2020APEC东道主认为亚太经合组织采纳的方案和采取的行动应当能够为广大公众创造机会，而不仅限于社会的某些阶层，通过这一点，使得每个亚太经合组织公民都将能够享受到该地区创造的繁荣。

为完成亚太经合组织2020年的主题，东道主与各成员体又提出实现构想，构想可分为3个部分：共同繁荣、人和未来。"共同繁荣"是2020年所有APEC合作优先领域和倡议都需要首先考虑的关键信息。马来西亚提出该构想旨在通过实现本区域所有优先合作领域更具包容性的发展开展公平和真诚的合作，在发展中成员体与发达成员体之间找到平衡。通过"共同繁荣"，亚太经合组织成员体可以重新调整规划更具包容性的贸易和投资，这种区域合作可以有助于缩小成员体内部和成员体之间的不平等和贸易扭曲。区域经济合作与一体化可以充分借助较发达成员体的活力，带动发展中成员体，以互利的方式达到互补的目的，帮助较欠发达成员体经济更快地增长。区域合作也有助于解决共同的挑战，例如共同应对卫生公共危机及粮食安全脆弱性。数字化、机器人技术、人工智能、大数据分析、自动化的进步以及其他新技术的出现，给该地区"人"的生活和商业方式带来了巨大的变化，从而引发了第四次工业革命；APEC地区整体面临的挑战是如何确保在技术和信息爆炸的时代没有任何一个成员体及成员体的"人"落后。亚太经合组织2020年的构想还重在解决不平等问题，因为不平等不利于经济增长，也不利于社会福祉。2020年标志着1994年启动的"茂物目标"到达一个时间节点。APEC论坛将共同承担制定"亚太经合组织2020年后新愿景"规划的责任，这一新愿景将是亚太经合组织的未来。

第二节　合作重点一——改进贸易和投资

亚太经合组织的合作基础是区域经济一体化。经济一体化促使亚太经合组织各成员体积极地就经贸事项进行磋商和讨论，并最终通过了一项旨在增进该地区自由开放贸易和投资的长期计划文件——《茂物宣言》。这一目标将在2020年进行第一阶段的盘点，从而查看是否达到该文件阐述的效果，为2020年后的新愿景提出铺平道路。亚太经合组织成立30多年来，区域经济一体化一直是推动本地区经济增长的重要因素。该地区经济合作总量从1990年的23.5万亿美元增长到2018年的66.2万亿美元，平均每年增长3.7%，然而，从最新披露的信息可以看出，这一正增长趋势目前正面临放缓，自2017年年中以来，该区域GDP增速一直处于下降状态。这种收缩可能与当前全球经济形势有关，由于贸易紧张局势日益加剧，加之某些行业发展趋势和技术迅速变化、反全球化情绪日益高涨和单边保护主义措施，全球经济形势不确定性越来越明显，这些都是亚太经合组织在制定2020年后亚太经合组织发展方向时需要着重考虑的方面。随着亚太经合组织在2020年伊始正式进入一个崭新的阶段，这赋予了APEC一个新的机会，即不仅可以通过回顾"茂物目标"来评估其当前的进展，而且还可以探索新的增值领域。亚太经合组织目前比以往任何时候都更需要通过改进贸易和投资来恢复其公众对贸易、投资和多边主义的信心；要做到这一点，需要APEC各成员体开展广泛和深入的讨论，重点是通过区域经济一体化，找到平衡、包容和可持续发展的解决办法，从而实现该区域社会福祉最大化。

GDP作为衡量经济增长的指标，在政策制定中具有显著的影响；但是，GDP作为一种不全面的经济衡量指标，在经济增长和发展的许多方面都存在不足，因而有其局限性。以GDP衡量一个成员体内生产的所有商品和服务的价值，会使得服务质量、产品分配、经济发展包容性和可持续性衡量结果打折扣。此外，技术爆炸时代也将需要一个更好的衡量标准，更能代表复杂的经济互动和影响。

亚太经合组织通过贸易和投资自由化以及商业便利化创造了有利的环境，从而使企业受益。这使企业得以蓬勃发展，但这种繁荣很大程度上基于为了公众的利益公平分配。亚太经合组织长期合作趋势表明：贫富差距正在加大，未来最富有的5%人口将增加其财产所占份额，而最贫穷的40%人口所占份额将变得更少。这一状况就要求私营部门（小微企业）在缩小差距方面发挥更大的作用，将社会影响模式嵌入到企业中，以促进经济包容，带来积极的社会转变。

以上所述挑战需要亚太经合组织成员体做出适当和有效的回应。因此，2020年亚太经合组织东道主马来西亚号召成员体就以下关键领域进行讨论和合作（不限于这些领域）：亚太经合组织2020年后愿景；寻找GDP之外衡量经济发展有效指标，尤其是衡量技术经济指标；包容性和负责任的贸易和投资。

一、亚太经合组织2020年后愿景

"茂物目标"第一阶段的结束意味着亚太经合组织要为该地区2020年后的合作制订一个新的目标，这一新的目标将指引该地区在未来数年的合作。2017年，当时的东道主越南在APEC高官会会议进程中提议建立了一个新机制，即通过成立亚太经合组织愿景小组（APEC Vision Group，AVG），就2020年后愿景APEC合作方向向高官会提供建议。AVG已于2019年8月29—30日在智利巴拉斯港举行的2019年第三次高官会上向APEC高官们提交了《2020年后愿景报告》，最终报告于2019年12月7日在新加坡举行的高官总结会议上审议。在智利巴拉斯港举行的第三次高官会上，亚太经合组织各成员体表示支持马来西亚领导制定"2020年后APEC愿景进程"；根据这项授权，马来西亚将根据高官会的意见制订2020年后愿景进程的时间表。AVG的建议与太平洋经济合作理事会（Pacific Economic Cooperation Council，PECC）和亚太经合组织工商咨询理事会（APEC Business Advisory Council，ABAC）提出的未来合作框架相结合，将作为制订供高官会讨论的未来APEC合作文件草案的基础。尽管在过去若干年中APEC地区的合作取得了重要成果，部分完成了"茂物目标"，但是，在2020年将"茂物目标"盘点结果纳入正式文件后，重新对"茂物目标"进行盘点时发现仍有一些领域需要改进；举例来说，某些产业关税仍高于其他产业产品关税，有关单方面服务限制的措施正在出现。近年来，贸易补贴措施有所增加，严苛的卫生和植物检疫措施阻碍贸易的关注度也在提升。这些欠缺和不足为亚太经合组织提供了一个新的机会，亚太经合组织可以提出新的倡议，以推动后"茂物目标"其他问题的解决。2020年，APEC政策研究小组（Policy Study Unit，PSU）将通过"单边行动计划"对"茂物目标"进行最终盘点。这一盘点至关重要，因为盘点结果将确定目前无法实现合作目标的领域，这将为进一步审议这些特定领域的下一个行动方针做好铺垫。

二、寻找GDP之外衡量经济发展有效指标

20世纪中叶以来，GDP已成为世界上最有力的国家发展进步指标之一，这是因为GDP是衡量一国或地区政府经济管理绩效的主要指标，亚太经合组织成员体也应用该指标衡量自身经济增长状况。此外，GDP持续增长对应着更多的经济资源和收入，而这些资源和收入又可用于提高公众的生活水平。尽管西蒙·库兹涅茨在20世纪30年代就定义了现代版GDP，但至今GDP仍然是决策者倚重的经济增长指标。

当前，关于GDP的适用性以及对公众福祉的真正影响反映的争论越来越多。公众普遍认为，在技术迅速发展且复杂多变的世界里，GDP并没有很好

地反映出任何有关产品和服务质量、经济利益分配、环境后果和公众福祉的信息。有鉴于此,作为2020APEC东道主的马来西亚将率先讨论其他替代指标的问题,评估其他成员体采用的替代经济指标模型,这些模型包含了传统统计数据中未包含的经济、社会和环境因素。这些成果可以作为今后几年继续进行这一对话的抓手,以便为该区域制定更好的经济衡量模型打下基础。2010年以来,亚太经合组织领导人一直呼吁实现平衡、包容、可持续、创新和安全的增长,替代指标将有助于加强亚太经合组织在政策领域的合作。此外,这与亚太经合组织作为思想孵化器的特点不谋而合。因此,关于制定替代GDP指标的讨论,能够更好地为APEC成员体在日益增长的不平等环境下评价经济成果,可以为亚太经合组织解决成员体内部和成员体之间的区域不平等问题,为共同繁荣的未来增添价值。

三、包容性和负责任的贸易与投资

公众越来越意识到企业对其生活、社会和环境的影响。同样,企业也在探索新的商业模式,既有商业可行性,又与社会义务相关联。2015年,亚太经合组织部长会曾指示官员开展更多工作,通过分享经验,了解包容性企业及其在可持续和包容性增长中的作用。继此之后,2017年完成的《亚太经合组织包容性商业综合报告》提出了许多建议,亚太经合组织成员体可以承诺促进包容性商业。东道主的倡议是使包容性和负责任的商业实践成为企业日常活动和长期战略的基础,并将包容性商业议程列入投资专家组(Investment Expert Group,IEG)工作议程。为此,马来西亚计划与亚太经合组织工商咨询理事会密切合作,加快亚太经合组织包容性和负责任的商业议程,与私营部门开展对话。亚太经合组织的投资和贸易促进了亚太地区的经济增长,通过包容和负责任的业务,建立起成员体内外直接投资的有利生态系统,为实现包容性和可持续发展奠定基础。

第三节 合作重点二——通过数字经济和技术进步实现包容性经济参与

数字经济和大数据、万维网、人工智能、机器人、区块链、云计算等技术为亚太经合组织成员体提供了促进创新和繁荣的广泛机遇。数字技术推动的社会进步将是实现平衡、包容、可持续、创新增长的助推器。尽管如此，亚太经合组织成员体仍面临着数字技术工人短缺的风险，直接导致劳动生产率增长的下降。在 APEC 的一项调查中显示：75%的受访者表示如果数字专业知识匮乏，技能严重不匹配可能会导致工人失去相关工作。由于快速发展的技术，自动化带来了较多的失业、工资降低、社会保障覆盖面减少和扩大了收入的不平等。

亚太经合组织成员体承认，妇女在充分参与全球经济方面经常面临重大障碍，并认识到妇女对该区域经济的贡献潜力尚未开发。2018 年，亚太经合组织部长们探讨了亚太经合组织通过赋予妇女参与数字经济的权力、利用创新技术促进妇女领导能力，来促进性别均衡的创业精神和市场机会以应对挑战的方式。

此外，数字经济为商业开辟了新的视野，对新的经济模式的需求也在不断增加，这种经济模式吸引着妇女、年轻人和老年人。自由职业、独立承包和全球信息技术经济等替代性工作安排，使亚太经合组织成员体的工人能够通过数字平台从任何地方获得客户，并在市场上站稳脚跟。全球信息栅格经济总量超过 2 000 亿美元，预计到 2023 年将翻一番，达到 4 550 亿美元。亚太经合组织必须具备适应这种不断变化的工作性质的灵活性。

工业革命的爆发催生了亚太经合组织区域内的创新型初创企业，这些企业有助于创造就业机会，并有可能增加有利于亚太经合组织成员体的国际贸易。然而，当前的环境和体制僵化仍然是一个挑战，需要 APEC 成员体的密切协调与合作。

亚太经合组织领导人认识到数字经济和技术带来的巨大变化，在 2017 年呼吁各成员体加强人力资源开发，强调为数字时代做好准备。2017 年通过的《亚太经合组织互联网和数字经济路线图》，加强成员体之间的技术和政策交流，促进创新、包容和可持续增长，并弥合亚太经合组织区域的数字鸿沟。

政府和企业在亚太经合组织内部加强专业能力以应对数字经济带来的机遇和挑战方面发挥着至关重要的作用。要从数字经济和技术中获益，特别是对妇女、青年、初创企业和社会企业而言，亚太经合组织成员体必须采取更具包容性的政策。

因此，2020APEC 东道主马来西亚将通过促进以下关键领域的讨论，促进数字经济和技术的合作，使社会的多数公众参与经济活动：建立亚太经合组织数字经济虚拟研究所；赋予妇女领导权；技术进步对就业岗位的影响；有利于健康的初创企业和社会企业生态系统；根据发展战略小组制订援助人员工作方案。

一、建立亚太经合组织数字经济虚拟研究所

对决策者而言，至关重要的是能够理解数字经济和技术领域的关键问题，以便能够制订方案和政策，缩小数字技能差距，为增长创造有利环境。亚太经合组织政策专业人士面临的一个关键挑战是：加强与亚太经合组织本地域的科技企业家、风险投资家和全球数字领袖社区的接触，同时确保所有成员体的公众不会掉队。

2014年，亚太经合组织领导人批准了《亚太经合组织促进互联网经济合作倡议》，指示部长和官员们进一步讨论互联网经济，推动成员体在发展互联网经济方面的合作，促进技术和政策交流，弥合数字鸿沟。在这之后，商务部长会确定了11个重点合作领域，在这些领域中，通过政策鼓励亚太经合组织成员体推行互联网和数字经济增长，包括与公共和私人利益攸关方的协调与参与，以便所有部门都有机会为政策制定做出贡献。

有鉴于此，马来西亚建议亚太经合组织共同努力，通过一系列有倾向性的选择，让数字经济专家参与进来，建立亚太经合组织数字经济虚拟研究所，开展研究，并积极参与学习，为决策创造有利的环境。这项工作将在亚太经合组织多个利益攸关方协作行动的基础上进行，并吸引数字经济专家、企业家、学术界、企业、风险投资家、法律专业人士和政策专家与亚太经合组织政策专业人士，鼓励知识相互转让，并为在决策过程中的其他专业团体提供一个平台。

二、赋予妇女领导权

2017年，女性的全球互联网普及率约为45%，相当于女性在线人数比男性少2.5亿人。2018年世界经济论坛数据显示，女性的领导作用低于男性。IR4.0预计扩大的性别差距，将导致女性失业率上升。雇用妇女担任领导职务的行业障碍，特别是在技术部门，包括：缺乏女性榜样、更有竞争力和合格的新晋人才，以及缺乏信心和抱负，是女性职业发展的主要挑战。因此，赋予妇女权力，特别是通过数字经济和数字技术赋予妇女权力，是亚太经合组

织的一项重要议程。

亚太经合组织部长们在2018年表示，妇女是经济增长的重要贡献者，敦促各成员体继续探索为妇女参与全球经济创造机会的途径是一项非常有意义且重要的工作。这项工作可以通过以下途径来实现：为妇女创办和经营企业创造有利的环境；在数字经济中促进妇女拥有和男性一样的女企业家精神；改善获得高质量就业的机会；提高技能和知识储备，如数字扫盲和身份保护；以及制定政策，改善获得资金、市场、启动资金和能力建设的机会。

2019年，《APEC圣地亚哥妇女和包容性增长路线图》鼓励亚太经合组织采取行动，改善妇女在各级决策中担任领导职务的机会。考虑到这些因素，马来西亚将继续努力赋予妇女权力，并在现有的方案和工作计划的基础上，推进与APEC妇女领导力有关的政策。颠覆性技术的发展可能加剧性别不平等。女性大多受雇于低技能工作和执行职位，她们往往比男性更容易受到颠覆性技术发展的影响。自经济大衰退（2007—2009年）以来，妇女大多受雇于工资增长停滞的非行政职务。在亚太经合组织区域内，每100名劳动力中就有77名是妇女。这一比例高于世界其他地区每100名劳动力中有67名女性的平均水平。通过这一比较表明：亚太经合组织实施的各项举措在缩小性别差距方面发挥了重要作用，考虑到数字经济和技术的进步及其在为妇女提供就业机会方面的作用，可以改进这一状况。

三、对就业岗位的影响

低技能的年轻人导致人力成本增加，生产力下降；而数字经济和技术进步改变了这一状况，但导致青年失业。据估计，2016年，亚太经合组织地区约有2 260万的15~24岁青年失去工作，远高于全球12.8%失业率的平均水平。很多APEC地区的年轻毕业生从事低技能、低收入的工作，几乎没有发展机会。亚太经合组织成员体也面临着较大的技术差距。根据2016年世界经济论坛的报告，未来5~10年，大多数的职业不需要再提供就业岗位报告预测，有65%的低技能青年还在从事那些未来将不存在岗位的工作。由于技术发明呈指数级增长，游牧工人和数字自由职业者的数量可能会增加。世界经济论坛《2018年就业前景报告》预测：创造力、创新和思维能力将是未来劳动力的关键技能。这些软技能与分析思维和解决问题并驾齐驱，是工人适应工作自动化的先决条件。创意经济和数字经济是全球经济和社会创新的主要驱动力。

因此，通过数字经济和数字技术，可以为妇女、青年和社会其他阶层创造包容性经济机会。

四、有利于初创企业和社会企业健康的生态系统

亚太经合组织成员体采取了许多举措，创新型初创企业与跨国公司合作，为技术创新铺平了道路，扩大了新技术企业的跨国规模。企业风险投资在促进环境方面发挥着越来越重要的作用。2017年，亚太经合组织初创企业创新研究的数据显示：尽管95%的初创企业希望发展长期的企业伙伴关系，但只有45%的企业如愿，问题来源于企业规模、人才、资金和市场。

使初创企业获得资金是确保这些初创企业能够继续创新、获得新知识和实践、创造就业机会、纳税并最终为经济做出实质性贡献的关键。APEC区域具有创业生态系统的主要驱动力，通过建立创新的生态系统，包括确保获得资源和建立创业网络和伙伴关系支持初创企业，这将有助于交流信息和相互学习，以促进在亚太经合组织各成员体之间创造有利和综合的投资环境。

社会企业是一种通过创业途径来追求社会使命的企业，它被视为是一种产业刺激手段，促使公众创建更负责任、更具包容性和可持续性的企业，产生积极的社会和环境影响，解决各种社会和经济问题。这是亚太经合组织成员体在满足2017年领导人关于《全球化世界中的经济、金融和社会包容》的声明时，为确保更具包容性和可持续发展而追求的另一种经济增长模式，弱势和老龄化人口得益于融合和进步。

五、促进人口老龄化社会的智能生活

2017年，亚太经合组织65岁及以上人口约占总人口的10%，到2050年将增至25%。日新月异的科技的出现及产业数字化，都对老龄化人口的日常生活提出了挑战。如果让老龄人口应付技术的快速发展，而没有年轻、有能力人口的进一步援助，或者没有政府应提供的必要软硬基础设施保障，老年人的健康可能面临更大的风险。2019年8月20日至21日在智利巴拉斯港举行的亚太经合组织第九届卫生与经济高级别会议强调：除了卫生领域外，还必须将预防措施与创造有利于老年人的环境结合起来，包括长期护理、老人家庭护理及交通、住房、劳工的社会保护和支持。虽然技术的进步在卫生部门取得了成功，为老龄化人口提供更精确的医疗保障，但老年人的日常生活也

需要调整和提高，使他们能够适应智慧的生活方式。

在亚太经合组织，各成员体已开始通过各种论坛讨论老龄化社会对智能生活的需求。各成员体一致同意数字技术和创新对老龄化社会的重要作用。尽管目前在应用数字化方面存在障碍，包括互联网接入有限、缺乏认识、便利性和设计不足，等等，但仍需要在安全的数据传输和通信领域进行标准化，以支持和提高他们的生活水平。

马来西亚认识到亚太经合组织需要致力于为老龄人口提供智能生活，因此，马来西亚倡议继续推动跨领域合作，并将其纳入合作主流。APEC在未来的相关合作应该全面而务实，包括在智能城市和住房、护理和电子卫生等领域取得突破。目前，已确定以下论坛支持潜在的合作：卫生工作组（HWG），科学、技术和创新政策伙伴关系（PPSTI），电信和信息工作组（TELWG），城镇化主席之友论坛（FotC）。

第四节　推动可持续性创新

贸易和投资流动并不是目的，而是达到目的的手段，是为了创造人类福祉。如果贸易和投资充分发挥其增进福祉的潜力，就必须与增加货物、服务和资金流动的优先事项保持一致，且不局限于这一关系。为此，保护APEC地区经济和未来发展的基础环境对于亚太经合组织实现长期福祉或可持续发展至关重要。

亚太经合组织已认识到这一点，亚太经合组织领导人于2010年启动了旨在实现平衡、包容、可持续、创新增长的增长战略。这些战略后来在2015年得到充实，倡议全球携手共进，应对经济可持续增长所面临的许多挑战，包括联合国可持续发展目标所反映的挑战。

由于人类活动造成的大规模生产，目前的环境挑战给地球带来了较大压力，原材料、粮食、土地和能源等资源总量供应紧张。资源的可持续管理对于尽量减少对环境的影响和创造经济价值至关重要。有鉴于此，亚太经合组织部长们在2018年明确创新促进可持续性发展战略的重要性，以促进经济增长，同时确保环境的可持续性。在此背景下，可持续性将成为亚太经合组织2020年的整体性和重要的讨论议题，APEC将注重优化资源管理，以尽量减少对环境的不利影响。2014年，亚太经合组织领导人呼吁创新，创新是提高增长质量、应对全球挑战、实现亚太共同繁荣的重要途径。创新重点将是确定创新实践，可以补充现有做法的缺陷，通过科学技术创新，实现更负责任的资源管理，这是为了在亚太经合组织成员体中创造可持续和包容性增长，让子孙后代都能享受到这种增长的福利。在推进这一议题时，APEC论坛将就以下问题进行深入讨论（但不限于此）：通过循环经济创新废弃物管理；推进粮食安全议程；制造可持续清洁能源。

一、通过循环经济创新废弃物管理

亚太经合组织成员体的人口增长和城镇化趋势日益明显。2017年，亚太经合组织地区人口有29亿人，占世界人口的38%；中国人口占全球的18%，其次是美国和印度尼西亚，约各占4%。随着人口增长和城镇化，亚太经合组织成员体面临环境的严峻挑战是垃圾数量迅速增长，不仅来自家庭和城镇常规垃圾，还有食品垃圾。根据联合国的研究统计表明：全球大约有1/3供人类食用的食物发生浪费现象，每年约13亿吨。

这种情况带来了资源压力，如果管理不善，将导致不可持续的发展，对地球产生灾难性的破坏。亚太经合组织的成员体致力于废弃物管理，但面临着技术、基础设施、融资、政策和利益相关者参与诸多方面的限制。如果亚太经合组织成员体将浪费转化为经济资源，实现循环经济，这些挑战可能转化为机遇。

通过科学技术创新，产生的废弃物可以收集、回收，以废物转化为财富的形式创造新的经济机会。这不仅有助于创造可持续的家庭收入的增长，促进创业发展的机会，同时也限制了资源利用对环境的影响。鉴于亚太经合组织地区新的经济增长和可持续发展趋势的重要性，2014年各成员体领导人支持推动传统产业的经济结构调整和升级，探索包括循环经济在内的新的、有前景的经济增长。

在亚太经合组织关于循环经济的有限的工作基础上，APEC论坛计划通过废弃物转化为循环经济的应用助力，推进创新废弃物管理，以杜绝浪费。通过与食品和能源部门的决策者、行业参与者和私营部门接触，该计划旨在促进最佳实践方法的交流，并制定政策建议，作为指导所有成员体朝着更可持续的废弃物管理方向迈进的指南。

二、推进粮食安全议程

《亚太经合组织 2020 年粮食安全路线图》提出了到 2020 年实现区域粮食体系的长期目标,这将为亚太经合组织成员体提供持久的粮食安全,并提高该地区粮食供应效率,为低收入消费者提供更实惠的粮食。亚太经合组织领导人强调:在 2014 年通过批准路线图,以优先考虑粮食安全问题。

随后,秘鲁对 2014 年"粮食安全路线图"的成就进行了评估。2019 年,亚太经合组织部长们呼吁对 2020 年亚太经合组织"粮食安全路线图"进行盘点,并确定 2020 年后亚太经合组织加强粮食安全的优先事项和未来机遇。有鉴于此,APEC 论坛将对路线图进行盘点审视,并确定推进路线图的未来路径。

三、可持续清洁能源

作为全球最大的能源生产和消费区域,亚太经合组织成员体占全球能源生产的 55%,占能源消费总量的 60%。到 2050 年,亚太经合组织地区的能源需求预计将比 2016 年水平高出 21%。因此,如果亚太经合组织成员体向低碳经济转型,就必须优先在能源转型方面进行合作。

为此,亚太经合组织领导人于 2014 年批准了一项新的雄心勃勃的计划,即到 2030 年,将可再生能源在亚太经合组织总体能源结构中的份额比 2010 年翻一番,这是该地区新的可再生能源发展目标。在可再生能源应用增加的情况下,与该区域其他成员体开展跨境合作,分享和讨论最佳实践方法。在现有工作计划的基础上,APEC 论坛将在能源工作组(Energy Working Group,EWG)年度议程里致力于提出为所有 APEC 公众提供更经济、可靠、可持续和现代的能源提案。

第二章 APEC"茂物目标"

20世纪80年代后期,冷战逐步结束,地区国家之间的关系逐步缓和,逐渐形成了经济全球化、贸易投资自由化、地区集团化等趋势。与此同时,亚洲的经济得到快速发展,在全球经济中的比例也不断提高。APEC实质上是一个旨在促进亚太地区各个成员体之间经济增长、贸易和投资的论坛,在促进地区贸易和投资自由化、增强国际经济和技术合作方面起到了非常重要的作用。APEC成立五年后,各成员体领导人就致力于在亚太地区实现自由开放的贸易和投资达成一致意向,这一倡议被称为"茂物目标"(Bogor Goals)。该目标旨在激励亚太经合组织成员体采取个别或集体行动,以进一步减少贸易和投资壁垒。这一概念最早是1994年在印度尼西亚西爪哇名城——茂物(Bogor)召开的亚太经合组织峰会上提出的,因此被称为"茂物目标"。这个目标的实现有确定的时间,即发达成员体不迟于2010年,发展中成员体不迟于2020年。但是由于APEC各成员体的经济发展水平参差不齐,各成员体的意见并不统一,要真正实现"茂物目标"有很大的困难。

从APEC历史发展的角度来说,"茂物目标"是一个非常重要的里程碑。严格意义讲,APEC"茂物目标"到目前为止并没有实现,但是其历史成就不可磨灭,因为它指引着APEC的发展方向,并且还推动了亚太经合组织成员体降低关税,促进贸易便利化,聚焦经贸合作等。"茂物目标"有助于亚太经合组织实现可持续增长、公平发展和加强亚太共同体意识。多年来,"茂物目标"一直是亚太经合组织议程的推动力量之一。虽然《茂物宣言》没有规定亚太经合组织成员体为实现"茂物目标"需要采取刚性约束的行动,但是它为APEC的发展提供了有效的指导。在这方面,亚太经合组织成员体既可以实施单边政策,也可以采取谈判达成双边、区域多边的协议,但是前提是它们必须符合关贸总协定(General Agreement on Tariffs and Trade,GATT)和世界贸易组织(World Trade Organization,WTO)的规定。此外,1995年制定了《大阪行动议程》,就实现这一目标的15个领域提供了指导方针。亚太经合组织成员体每两年都要制订一个单独的行动计划,报告有关这 15 个领域的进展和未来的计划。这些报告是"茂物目标"评估的主要来源之一,同时也是其他国际组织和其他官方新闻来源的主要渠道。

亚太经合组织定期对"茂物目标"进行评估,评估在实现"茂物目标"方面取得的进展,并找出差距。2005 年,对"茂物目标"的实现情况进行了第一次中期评估;2010 年,再次对亚太经合组织在实现"茂物目标"方面取得的进展进行了评估,结果发现取得了实质性进展,但是在部分领域仍存在改革阻力。在 2011 年末,亚太经合组织高级官员同意每两年评估一次实现"茂物目标"的进展情况,评估持续直至 2020 年,并在 2016 年进行了第二次中期盘点。目前的评估显示在许多领域的进展,例如,总体平均关税下降;许多部门采取了单方面或谈判达成的服务自由化措施;正在实施吸引外方直接投资的措施;降低了贸易成本和时间;正在努力提高规章的水准;区域贸易协定(Regional Trade Agreements,RTAs)/自由贸易协定(Free Trade Agreements,FTAs)网络继续扩大。然而,评估结果也显示:还有一些领域的工作尚未完成,需要继续改进,例如,关税仍然高于预期;出现了新的服务方面的单方面限制(例如对跨境数据流动的限制);近年来贸易补贴措施有所增加;卫生和植物卫生等领域的具体贸易问题日益增多。总之,为实现"茂物目标"而采取的行动在很大程度上有利于亚太经合组织成员体和 APEC 区域的发展,但是目前仍然有更多的工作要做。

随着 2020 年"茂物目标"期限的到来,2020 年之后亚太经济合作的相关议程成为亚太经合组织和社会各界关注的热点。今后 APEC 将会如何发展、工作如何继续进行等问题,将成为 APEC 新的任务,APEC 需要确定新的方向,制订新的目标,总体原则是要始终保持 APEC 地区贸易投资自由化和便利化发展,加强 APEC 地区的合作。

第一节 "茂物目标"历史背景

1993 年 7 月,美国作为亚太经合组织的主席,正式提议在第五届亚太经合组织部长级会议之后筹备一次领导人正式会议,但是这个提议没有得到大多数成员体的同意,所以领导人峰会被叫作"领导人非正式会议";真正意义上的第一次亚太经合组织领导人非正式会议的召开是在 1993 年 11 月,这次会议召开地点在美国西雅图，每个成员体首脑或代表出席会议，同时还会在会后形成正式文件，这种方式逐渐成为后续会议的模式。第一次亚太经合组织领导人非正式会议召开后，以后每年都会召开这样的高级别例会，各个APEC成员体首脑或其代表会讨论共同关心的话题，就关注的重点问题努力达成共识，确定一些成果性文件来指导APEC各成员体之间的合作交流。从亚太经合组织成立以来，已经超过30年，各个成员体相互合作，共同促进了亚太地区贸易投资自由化、便利化。此外，在共同采取了许多有效的措施基础上，还就经济发展等领域的问题达成了共识，形成了丰富的成果。APEC"茂物目标"从提出以来到目前可以划分为以下四个阶段。

一、"茂物目标"初始阶段

在APEC成立初期，亚太经合组织成员体通过多次重要会议的交流与讨论，逐步确定了该组织的结构框架、组织形式、合作目标与原则、组织宗旨与机构、组织运行方式和活动范围以及组织的参与方式等。澳大利亚总理霍克在1989年1月访问韩国时提议召开部长级会议，主要就如何加强亚太地区经济合作问题进行了交流和讨论。同年11月，APEC第一届部长级会议在澳大利亚首都堪培拉举行，参会的成员体有澳大利亚、美国、加拿大、韩国、日本以及东盟6国（文莱、印度尼西亚、马来西亚、缅甸、新加坡、泰国），此次会议宣告了亚太经合组织的正式成立。

第三届部长级会议于1991年11月在韩国汉城举办，此次会议通过了《汉城宣言》（以下简称《宣言》），该《宣言》正式确定了APEC的组织宗旨和组织目标。《宣言》指出，亚太经合组织的根本宗旨是要保持本地区经济的持续增长和区域发展，同时也为全球经济发展做出贡献；APEC各成员体之间的经济合作和交流可以通过加强货物与服务、投资与科学技术的联系来实现；多边贸易可以不断发展和继续加强；同时APEC各成员体之间的商品、服务、资金和技术等贸易投资壁垒要不断减少。亚太经合组织的目标为：不断增强亚太经合组织地区和世界经济发展，加强商品、服务、技术等各个领域的合作，建立起各个成员体的纽带关系，最后获取在世界范围内和亚太经合组织范围内的经济收益，持续增加多边贸易体制，使得世界范围的各个国家和地区均能受益，持续降低或减少各成员体之间的贸易壁垒，同时不能侵害其他成员体的利益。亚太经合组织的活动范围是：通过合作交流和讨论的方式，不断提出和改进经济增长政策，保持经济的持续增长；制定发展战略，增强亚太地区和全球的商品、服务、资金和技术交流；增加 APEC 区域的资源流动性，加强基础设施建设；增加不同领域（能源、环境、通信等）的交流和合作。亚太经合组织的运作方式包括：始终坚持互利互惠的原则，针对 APEC 各成员体之间较大差异性的经济发展水平和社会政治制度，给予发展中的成员体一些优待政策；坚持公开对话和协商一致的原则，对 APEC 所有成员体一视同仁；亚太经合组织以成员体高级别代表的进行交流讨论方式，对本组织各成员体以及东盟、南太平洋论坛秘书处、太平洋经济合作理事会（Pacific Economic Cooperation Council，PECC）等相关组织提出的相关问题和政策建议进行讨论交流和分析；由于私营部门对亚太经合组织各成员体的活力很重要，因此欢迎和鼓励较为有活力的私营产业参加 APEC 的相关活动；亚太经合组织每年通过召开部长级会议的方式讨论 APEC 相关事宜。

　　1992 年在第四届部长级会议上，亚太经合组织决定将秘书处设置在新加坡，不仅能够提供一些技术服务和解决财务问题上的支持，还能指导和协调相关活动，也制定了组织的财务运作制度，在一定程度上进一步完善了组织结构。亚太经合组织结构框架的完善有利于此后 APEC 贸易和投资自由化的快速发展。此后，APEC 便开始进入了快速发展时期。

　　从 1993 年开始，亚太经合组织最高级别会议由部长级会议转变为领导人非正式会议。这次会议通过了《亚太经合组织领导人经济展望声明》，同时还就召开亚太经合组织财长会议、成立太平洋工商论坛（Pacific Business Forum，PBF）和共建"亚太经合组织教育计划"等达成一致。会议还表明了 APEC 地区经济繁荣发展的前提是更加开放的多边贸易体制，开放式的合作能够使得 APEC 成员体更加团结，从而共同应对地区和世界经济波动带来的挑战与阻力。从这以后也初步确定了亚太经合组织共同协商的经济合作方式和性质。

　　APEC 成立的初衷是要促进亚太地区贸易与投资的自由化。第二次领导人非正式会议于 1994 年 11 月在印度尼西亚的茂物举行，这次会议通过了《亚太经合组织经济领导人共同决心宣言》（简称《茂物宣言》），在亚太地区实现贸易和投资自由化的目标也于此次会议中得以确立，同时还确定了发达成员体在 2010 年前、发展中成员体在 2020 年前实现这一目标的时间表。在整个亚太经合组织的发展过程中，"茂物目标"的确定具有举足轻重的作用，在很大程度上，"茂物目标"能够凝聚 APEC 成员体的力量，激发组织内成员的动力和活力，为亚太地区长久的经济发展和成员间的相互合作提供了平台和可能性。这次会议作为 APEC 发展过程中具有历史意义的里程碑，为亚太地区未来的发展和成员体间的合作交流画出了美好的蓝图。

为了进一步实现"茂物目标"，1995 年 11 月 19 日，APEC 第三次领导人非正式会议在日本大阪举行。这次会议确定了实现《茂物宣言》的具体行动措施，进一步为亚太地区各成员体的长久合作奠定了基础、制定了框架。会议还通过了《亚太经合组织经济领导人行动宣言》（简称《大阪宣言》），通过了《大阪行动议程》，目的是实现亚太地区贸易投资自由化和 APEC 成员体的经济与技术合作蓝图。《大阪行动议程》也成为了后来 APEC 相关工作和活动的指导性文件，具体说明了如何实现"茂物目标"的原则和行动措施。这些原则包括行动的全面性，即与世贸组织（World Trade Organiaztion, WTO）及其宗旨、规定的一致性、可比性、非歧视性、透明度，同时启动持续进程和不同的时间表，灵活地加强经济技术合作。行动措施为：APEC 各成员体需要在 15 个领域内采取措施和行动来达到贸易投资自由化的目的。这次会议将"茂物目标"具体划分为一些行动和措施。在《大阪行动议程》中，贸易投资自由化和便利化，经济和技术合作两项内容是其主旨，其重要性可见一斑，被称作 APEC 合作的两个车轮。

在 1996 年菲律宾领导人非正式会议上，为了进一步落实《大阪行动议程》，APEC 又通过了《马尼拉行动计划》，这是如何实现"茂物目标"的具体行动计划，也是进一步促进亚太经合组织贸易投资自由化的举措，开启了"茂物目标"的正式实施阶段。这次会议进一步确定了亚太经合组织的运行方式，同时也表明了该组织发展的力量源泉来自亚太地区各成员体的多样性，APEC 整体的目标就是要团结独立的个体，凝聚分散的力量，这样的方式对亚太地区乃至全球都具有指导性的意义。

为了更快实现"茂物目标"提出的贸易投资自由化、便利化，1997 年在温哥华召开了第五届 APEC 领导人非正式会议，会议提出了"部门提前自愿自由化"（Early Voluntary Sectoral Liberalization, EVSL）的重要倡议，同时也确定了渔业、林业、能源、玩具、医疗设备、环境产品、服务、珠宝、化学品、电信等部门作为试点。从此，亚太经合组织的合作议题由经济领域延伸到了非经济领域。

二、"茂物目标"发展阶段

在"茂物目标"执行期间,亚太经合组织贸易和投资自由化、便利化遇到了史无前例的挑战。亚洲金融危机减缓了亚太经合组织贸易和投资自由化、便利化进程,由于受到这次金融危机严重的打击,受冲击比较严重的成员体开始认识到开放的市场可能带来的风险与挑战,因此对自由化持谨慎态度。与此同时,这些成员体对亚太经合组织无力应对和解决这场危机而感到恐慌,也削弱了成员体为促进自由化而开展合作的势头。1998年,第六届马来西亚吉隆坡领导人非正式会议未能就EVSL达成任何协议,最终将遗留问题提交世贸组织解决。这是亚太经合组织历史上第一次在重大问题上没有达成共识,对推动贸易和投资自由化、便利化的合作势头产生了负面影响。

2000年,第八届APEC领导人非正式会议再次强调"茂物目标"是亚太经合组织未来工作的方向,要进一步推进贸易和投资自由化、便利化,同时还要加强人力资源、组织结构、基础设施和市场建设。然而,2001年,美国突发的"9·11"事件再次阻碍了亚太经合组织自由化进程。从这以后,亚太经合组织开始重视反恐与安全合作问题,并通过了《反恐宣言》;一年后,亚太经合组织又陆续通过了《打击恐怖主义,推动经济增长的宣言》《关于APEC成员体近期恐怖主义活动的宣言》。此后,反恐成为亚太经合组织的主要议题之一,导致了地区贸易投资自由化主题被边缘化。但在2001年上海领导人会议上,各成员体领导人重申了实现"茂物目标"的承诺,并同意对亚太经合组织在2005年和2010年就实现"茂物目标"的总体进展进行中期评估。会议还决定了透明性、沟通和协商,禁止歧视的法律程序等在内的贸易畅通化的原则,并确定了明确的范例来指导APEC成员体的具体行动。

在此阶段调整过后,亚太经合组织恢复了实现"茂物目标"的行动侧重点。2002年,APEC组织确定了《贸易便利化行动计划》(Trade Facilitation Action Plan,TFAP),制定了交易成本降低5个百分点的目标,同时也确定了2001—2008年贸易便利化合作的总体时间和内容框架。为了更加明确贸易便利化合作的重要举措和领域,2003年APEC又制订了《贸易便利化行动和措施清单》,确定了贸易便利化合作的主要方面与合作措施。2004年,在智利举行的亚太经合组织第16次商务部长级会议核准了该筹备工作,包括进行中期盘点的方式和时间表。为了逐步实现"茂物目标",在发展稳定阶段,很多新的合作领域和议题被相继提出，例如，2001年就整体贸易体系的发展、贸易投资便利化以及电子APEC等议题达成了"上海共识"，使得APEC贸易和投资自由化、便利化进一步得到发展，贸易投资自由化和便利化，取得了显著成果。在这个阶段，亚太经合组织各成员体的平均关税税率从1996年的10.7%大幅下降到2004年的8%；在降低非关税措施方面，亚太经合组织涉及的领域很多，如进口许可和出口补贴、数量限制等；在服务业领域，例如，法律、会计、建筑和其他专业服务（护理、保健、医生、税务）等都在一定程度上实现了自由化和便利化；此外，还提高了服务业领域法律制度和管理方面的透明度；亚太经合组织各成员体集体形成了一些法律体系和政策，以此来吸引投资，例如在2000年7月，越南通过了《外方投资法实施细则》。

亚太经合组织在经济和技术合作领域也取得了一些成果。1996年，亚太经合组织马尼拉部长级会议上通过了《APEC加强经济合作与发展的框架宣言》，这个文件是首次单独关注APEC经济和技术合作，还明确了经济和技术合作的六大优先领域，包括人力资源开发、建立加速资金流动的资金市场、基础设施建设、信息与技术的自由流动、保护环境和增强中小企业活力。1998年4月，亚太经合组织成立了高官会经济技术合作分委会（Ecotech-Sub-Committee，ESC），该部门具体管理APEC经济和技术合作的相关活动。为了帮助各机构评估APEC经济和技术合作相关项目，1999年通过了经济技术合作框架；为了进一步加强APEC各成员体在经济和技术合作领域的联系，2000年又设立了经济技术合作信息交流中心（Ecotech Clearing House，ECH）。亚太经合组织在这一年还提出了E-APEC（电子APEC）战略，确定了支撑经济发展的四大支柱，分别为：完善市场结构、加强基础设施建设、增强人力资源建设和弘扬企业家精神。2001年，亚太经合组织通过了《经济技术合作行动计划》（Ecotech Action Plans，EAPs）。为了更新APEC经济技术合作评价体系，2004年通过了新的质量评估体系（Quality Assessment Framework，QAF），与此同时，之前的经济技术合作框架也废止了。

三、"茂物目标"评估与调整阶段

在此阶段，APEC论坛主要评估不同成员体对"茂物目标"的执行情况，这也成为亚太经合组织的主要任务，同时该阶段还要不断促进贸易投资自由化和加强经济技术合作。经过调整期的APEC重新将主要精力放到实现"茂物目标"上,分别于 2005 年和 2010 年进行了两次"茂物目标"进展评估工作。随着实现"茂物目标"的首个时间节点的到来,亚太经合组织开始在这一阶段进行中期评估,在此基础上,继续大力促进贸易和投资自由化、便利化以及加强经济技术合作。不过,与上一个阶段相比,这一阶段亚太经合组织的实现目标的速度明显降低。亚太经合组织在 2004 年开始了"茂物目标"的中期评估,为了具体执行中期评估,各个成员体纷纷采取行动,例如,韩国在 2005 年的亚太经合组织部长级会议中,确定了《"茂物目标"实施进程的中期评估——实现"茂物目标"的釜山路线图》(简称《釜山路线图》),逐步开始对其贸易投资自由化、便利化的实现情况进行评估。《釜山路线图》对亚太经合组织在贸易和投资自由化、便利化领域取得的许多成果表示肯定,也指出了因为"茂物目标"而出现积极进展,APEC 成员体的市场开放速度高于全球其他地区,经济增速也高于全球平均水平。此外,在分析亚太经合组织面临的机遇和挑战的基础上,提出了如何实现"茂物目标"的新路线。此外,还提出了亚太经合组织今后的发展方向:支持并且进一步促进多哈多边贸易体制的形成,为早日实现"茂物目标"打下基础;继续鼓励单边行动计划(Individual Action Plans,IAPs)/集体行动计划(Collective Action Plans,CAPs);进一步提升亚太区域自由贸易协定 FTAs/RTAs 的完成效率,争取早日实现"茂物目标";为了极大地改善区域内的投资和贸易环境,可以采取加强在贸易便利化、知识产权保护以及促进中小企业发展等方面的合作,来实现关税减免等进展迟缓带来的负面影响,也为"茂物目标"的实现创造良好的环境;不断增强人力资源等方面的建设;坚持 APEC 探路者方式,采用发展较为迅速的成员体先实现 EVSL,从而带领发展较为缓慢的成员体,最后使得全 APEC 地区得到发展;此后,各个成员体相继执行,例如,2006 年,越南确定了《关于执行〈釜山路线图〉的河内行动计划》,明确了各个领域的具体操作措施,其中涵盖支持多边贸易体系,加强 IAPs/CAPs,促成高质量的 RTAs/FTAs,推动实现釜山商务议程和经济技术合作等方面的内容。

根据"工业化成员体不晚于 2010 年实现贸易投资自由化"的目标,四年之后,APEC 又评估了包括美、加、日等在内的 5 个发达成员体的"茂物目标"执行情况,同时,包括韩国等在内的 8 个发展中成员体自愿参与了这次评估。以上成员体按照要求均提交了各自的评估报告并阐述了 1996—2009 年"茂物目标"执行方面取得的成果,顺利完成了评估。评估结果表明:"茂物目标"制定以来，亚太经合组织取得了丰硕的成果，例如贸易有了很大的增长，关税有了很大程度的下降，非关税壁垒也有了很大幅度的消除，投资的自由化程度不断增强，在其他行业（例如，服务业等）的开放水平有了很大的提高。虽然这些成果取之不易，但是必须意识到 APEC 距离完全的贸易和投资自由化还有很长的路要走，如期高质量的实现"茂物目标"仍然具有很多阻力和障碍。

APEC 在贸易投资自由化方面取得了很大的进步。2004 年，APEC 各成员体的简单平均关税水平为 8%，到 2009 年时为 6.6%；虽然 APEC 还保留了一些非关税措施，但这也只是出于环境保护以及安全等方便考虑；在服务行业虽然在自由化方面也取得了一些进展，但是和商品贸易自由化程度相比，程度还比较低；APEC 各成员体经过政策调整，各成员体之间的贸易和投资往来增多。虽然总体上投资自由化进程较快，然而仍然存在很多投资壁垒。

APEC 在贸易投资便利化方面也取得了一些成果，例如，在 2006 年亚太经合组织将区域内的交易成本下降了 5 个百分点；在此基础上，当年 APEC 越南领导人非正式会议提出要在 2010 年将本区域的交易成本再下降 5 个百分点，继续实施贸易便利化。在接下来的 2011 年的 APEC 贸易便利化的评估结果表明该目标已经得以实现。在 APEC 所有便利化行动取得的成果中，效果显著性排在前列的领域有海关程序、标准和一致化、商务人员流动、电子商务等。然而，在人力资源开发和基础设施建设方面，APEC 的贸易投资便利化发展较为缓慢，各成员体仍然需要不断改进。

在经济和技术合作方面，APEC 也取得了一些成果。为了加强对 APEC 经济和技术相关项目的管理，2005 年 ESC 建立了一个新的经济技术合作评估框架。同年，为了进一步增强经济技术合作，亚太经合组织韩国部长级会议决定将 ESC 升级为经济技术合作执行委员会（Steering Committee on Ecotech，SCE）。2010 年，亚太经合组织领导人非正式会议通过了《APEC 领导人增长战略》，并且在会议上表明了新的经济增长理念：平衡增长、包容增长、可持续增长、创新增长和安全增长。这些新理念的提出，为 APEC 地区经济高质量增长和技术合作提供理论指导和方向。

在 2005—2010 年间的"茂物目标"评估阶段，许多双边和小区域合作机制在亚太地区出现，这就要求 APEC 进行调整和改革。这个时期 APEC 开始探索如何加强区域经济一体化的新方法，同时提出建立自由贸易区（Free Trade

Area of the Asia-Pacific，FTAAP）倡议。

四、后"茂物目标"阶段

2010年，亚太经合组织的13个成员体完成"茂物目标"实现情况评估后，接下来APEC何去何从成为下一阶段的关注重点。在这个阶段，由于受2008年金融风暴的影响，在全球范围内，贸易增长速度出现下滑。逆全球化的复苏和贸易保护主义的有所抬头，导致了以世贸组织为核心的多边贸易体制面临了更大的挑战。在这样的背景下，亚太经合组织各成员体对持续推进贸易投资自由化、便利化持消极态度。亚太经合组织各成员体通过IAPs的方式推动"茂物目标"的热情有所下降，IAPs的执行情况也越来越差，例如，出现提交报告不及时，报告内容不全、质量不高等问题。

2010年以后被称为后茂物阶段，从这之后，APEC各成员体对促进贸易和投资自由化和便利化的热情有所下降，APEC逐渐进入瓶颈阶段，这从APEC各成员体提交的IAPs进展报告可以看出：2010年只有越南和巴布亚新几内亚两个成员体没有提交报告，2011年所有成员体都没有提交。所幸2012年所有成员体均提交相关报告，从此之后，亚太经合组织就做出了每个成员体每两年必须提交一次的规定，这也可以反映出APEC各成员体在贸易自由化、便利化过程中的懈怠。由于受到跨太平洋伙伴关系协定（Trans-Pacific Partnership Agreement，TPP）、区域全面经济伙伴关系（Regional Comprehensive Economic Partnership，RCEP）谈判以及区域内FTAs的影响，APEC组织有被架空的趋势。所以，APEC各成员体努力寻找亚太经济一体化的方法，目的是尽可能早日实现FTAAP。在这个阶段，亚太经合组织的一个核心问题是：在金融危机后，如何建立亚太地区新的经济增长点来确保APEC地区的经济繁荣发展和社会稳定。

在后"茂物目标"阶段，亚太经合组织正在积极寻找促进贸易和投资自由化新的发展方向。从2010年亚太经合组织领导人非正式会议上确定了《亚太自贸区的实现途径》以后，有关APEC自贸区的议题逐渐受到广泛关注。2014年中国北京亚太经合组织领导人非正式会议上，为了落实亚太自贸区的建设，并制定详细的行动措施，会议通过了《APEC推动实现亚太自贸区北京路线图》。为了对亚太自贸区的建设做出全面部署和策划，2016年的亚太经合组织利马领导人非正式会议上又通过了两个文件，分别为《亚太自贸区集体战略研究报告》和《亚太自贸区利马宣言》。在服务业产业领域，APEC 也展开了一系列行动，在 2015 年的菲律宾马尼拉领导人非正式会议上确定了《APEC 服务业合作框架》，在 2016 年的利马领导人非正式会议上通过了《APEC 服务业竞争力路线图（2016—2025）》，同时还为 IAPs/CAPs 制定了具体的行动安排。

随着各行各业的发展，亚太经合组织议题领域也在不断增加，除了经常提及的贸易和投资自由化问题，还增加了创新增长、包容性发展、气候、海洋等议题。亚太经合组织近年来高度重视数字经济的相关议题，同时也获得了一些成果。正是由于这些新旧议题从不同层面和角度推动了贸易投资自由化，因此"茂物目标"才得以加快实现。

在 APEC 区域内经济合作方面取得了诸多成就。亚太经合组织成员体签订的 FTAs 数量继续增加。到 2016 年 2 月为止，亚太经合组织成员体已经成功签订的 FTAs 达 59 个，而且这个数字还将持续上升。APEC 区域内不同的 FTAs 相互覆盖，导致形成了"意大利面条碗"格局。此外，在 APEC 区域，又形成了两个新的经济合作组织：TPP 和 RCEP；在参与这两个组织的成员体中，大部分属于 APEC 成员体，即 TPP 和 RCEP 均有 12 个。

APEC 在不断寻找新的合作方式和领域。在 2010 年亚太经合组织日本领导人非正式会议上通过了《通向 FTAAP 之路》重要文件，并且决定将 FTAAP 当成亚太经合组织区域内经济一体化的主要方式。两年之后的 2012 年俄罗斯领导人非正式会议上又强调了这一决策。在 2013 年的亚太经合组织印度尼西亚领导人非正式会议上再次重申了这一决策。2014 年，在亚太经合组织北京领导人非正式会议上通过了一种比较综合性的方法来实现 FTAAP。2015 年，在亚太经合组织菲律宾领导人非正式会议上又强调了 FTAAP 对 APEC 区域经济合作的重要性，同时也强调了要以全面综合的方法来实现 FTAAP。

APEC 在这一时期开始注重经济增长的相关问题。相关议题在 2011—2015 年的亚太经合组织领导人非正式会议上被相继提出。在 2011 年亚太经合组织美国领导人非正式会议上提出"经济绿色增长倡议"；第二年，在亚太经合组织俄罗斯领导人非正式会议上，"创新增长"概念被提出，同时会议还通过了《通向创新增长》的重要文件；2013 年，亚太经合组织印尼领导人非正式会议上，经济公平和可持续增长的建议被提出，同时会议还提出了 APEC 为各成员体提供经济增长机遇的措施和如何在有限资源下促进经济增长的措施；

2014年亚太经合组织北京领导人非正式会议上提出了APEC地区的创新改革是经济增长的决定性因素的论断，这次会议还通过了《APEC创新发展、经济改革和增长协议》，该文件指出：促进改革、新经济、创新、包容性和城镇化对于地区合作和对话至关重要；2015年亚太经合组织菲律宾领导人非正式会议上，为了增强制度体系建设和各成员体的合作交流，同时提升对高压环境的应对能力，通过了《APEC加强质量增长战略》。

第二节 "茂物目标"的实现进展

自APEC论坛成立以来，亚太经合组织在贸易和投资方面取得了长足进步。1989年，APEC地区的商品和服务贸易额为3.1万亿美元，到2018年增长到24万亿美元，增长率为7.1%。从APEC成立到2011年，其贸易增长速度已经超过国内生产总值增长速度（个别年份如2008年等除外），到2000年为止，亚太地区的外商投资额明显逐年增加，这些数字表明亚太地区成为全世界投资的重点区域。此后，虽然投资额总体上仍然继续增加，但是出现一些起伏。到2018年，在亚太经合组织范围内，外商的投资额达8 386亿美元，占全球外商投资的64.6%，虽然已经达到了很高的比例，但是该区域内贸易投资自由化程度还有很大的提升空间，不同的领域和行业自由化程度也不尽相同。

一、关税总体上呈下降趋势

从整体上来看，亚太经合组织在降低关税方面获得了非常丰硕的成果。在平均关税税率方面（图2-1），亚太经合组织刚成立时，平均关税为16.9%，到2018年为5.3%，下降了10%以上。从"茂物目标"确定以来，各成员体的主要任务就是尽快降低关税。于是APEC各成员体在随后的时间里不断付诸行动，大幅度降低了关税，通过了《大阪行动议程》和《马尼拉行动计划》。1996年，APEC成员体提交了IAPs，此时的税率为10.8%，到2006年关税税率已经接近7%，到2008年关税税率首次低于7%；到2010年，关税税率开始低于6%。无论发达成员体还是发展中成员体，均参与了降低关税的行动，其中，在1996—2010年关税税率降幅较大的时段内，APEC发达成员体关税税率从6.2%降到了3.7%，发展中成员体关税税率则从12.5%降到了6.5%，税率分别降低了40%和48%。从2008年开始,由于受全球金融危机的影响,APEC各成员体的关税税率降低幅度明显减缓,部分成员体的关税税率甚至不降反增(表2-1),从2008—2018年,APEC各成员体关税税率仅下降0.5%。

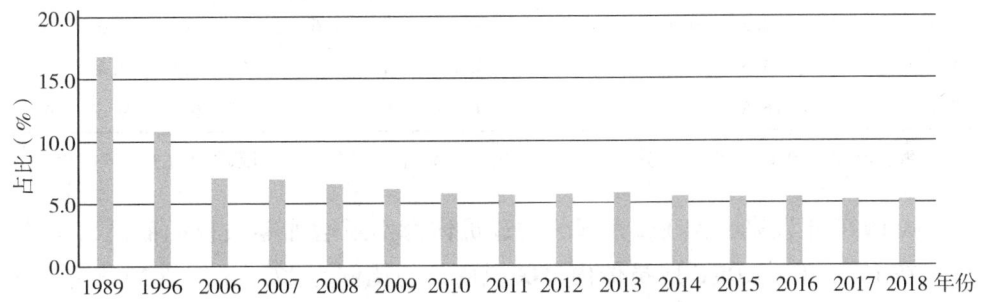

图2-1　1989—2018年APEC成员体平均关税税率

来源:耿楠,2020. APEC贸易投资自由化:进程、挑战与展望[J]. 国际贸易(3):63-72.

表2-1　2008—2018年APEC各成员体关税税率　　　　　单位:%

APEC成员体	2008年	2009年	2010年	2011年	2012年	2013年	2014年	2015年	2016年	2017年	2018年
澳大利亚	3.5	3.5	2.8	2.8	2.7	2.7	2.7	2.5	2.5	2.5	2.5
文莱	2.5	—	2.5	2.5	2.5	—	1.2	—	1.2	0.3	0.3
加拿大	4.7	4.5	3.7	4.5	4.3	4.2	4.2	4.2	4.1	4.0	4.0
智利	6.0	6.0	6.0	6.0	6.0	6.0	6.0	6.0	6.0	6.0	6.0
中国	9.6	9.6	9.7	9.6	—	9.9	9.6	9.9	9.9	9.8	9.8
中国香港	0.0	0.0	0.0	0.0	0.0	0.0	0.0	0.0	0.0	0.0	0.0
印度尼西亚	6.9	6.8	6.8	7.0	7.0	6.8	6.9	—	7.9	8.1	8.1
日本	5.4	4.9	4.4	5.3	4.6	4.9	4.0	4.0	4.0	4.0	4.4
韩国	12.2	12.1	12.1	12.1	13.3	13.3	13.3	13.9	13.9	13.7	13.7
马来西亚	8.8	8.0	6.5	—	6.5	6	—	—	5.8	5.6	—
墨西哥	12.6	11.5	9.0	8.3	7.8	7.9	7.5	7.1	7.0	6.9	7.0
新西兰	2.2	2.1	—	2.0	2.0	2.0	2.0	2.0	2.0	2.0	2.0
巴布亚新几内亚	5.0	—	5.1	—	—	4.7	4.7	—	—	—	4.3
秘鲁	6.1	5.5	5.4	3.7	—	3.4	3.4	2.4	—	2.4	2.4
菲律宾	6.3	6.3	6.3	6.1	6.2	6.3	6.3	6.3	6.3	6.3	6.2
俄罗斯	10.8	10.5	9.5	9.4	9.9	9.7	8.4	7.8	7.2	6.7	6.8
新加坡	0.0	0.0	0.0	0.0	0.0	0.2	0.2	0.2	0.2	0.0	0.0

(续表)

APEC 成员体	2008年	2009年	2010年	2011年	2012年	2013年	2014年	2015年	2016年	2017年	2018年
中国台北	6.1	6.1	6.1	6.1	6.1	6.0	6.5	6.4	6.4	6.4	6.5
泰国	10.5	9.9	9.9	9.8	—	11.4	11.6	11.0	—	9.6	—
美国	3.5	3.5	3.5	3.5	3.4	3.4	3.5	3.5	3.5	3.4	3.5
越南	16.8	10.9	9.8	—	9.5	9.5	9.5	9.5	9.6	9.6	9.5

来源：耿楠，2020. APEC 贸易投资自由化：进程、挑战与展望 [J]. 国际贸易（3）：63-72.

从 1996 年以来，APEC 大部分的成员体都不断增加零关税的商品（表2-2）。在 1996 年，APEC 成员体内零关税商品的比例为 27.3%，到 2018 年快速增长到 48.3%。在 APEC 贸易中，最先实施零关税的有原材料领域（如石油、金属和矿物等）、半成品领域（如木材、纸张、化学品等）和制造业领域（如电气和机械等）。到 2010 年以后，APEC 零关税商品增加的速度逐渐减慢。在 APEC 进口商品零关税的比例方面，1996 年仅为 29.2%，到 2017 年增加到 60.6%。但是，高资本密度商品、消费品、中间产品和原材料之间差异很大，其中消费品的零关税比例要低于其他 3 种，这种现象说明 APEC 各成员体更加重视与生产建设相关商品的关税税率。2010 年之后，高资本密度商品、消费品、中间产品零关税的比例逐年下降，波动比较大。在高税率商品所占比例（关税税率≥10%的商品）方面，APEC 成员体从 2008 年的 16.7%降为 2018 年的 12.9%，仍然保持一定的下降空间。

表 2-2 1996—2018 年 APEC 成员体零关税和高关税税率比例   单位：%

项目	1996年	2008年	2009年	2010年	2011年	2012年	2013年	2014年	2015年	2016年	2017年	2018年
零关税产品比例	27.3	43.4	43.1	45.5	45.3	45.4	45.5	45.4	46.9	46.9	47.9	48.3
零关税进口比例	29.2	57.2	59.8	60.5	61.0	60.3	60.3	60.5	58.5	58.3	60.6	—
关税税率≥10%的产品比例	—	16.7	15.9	14.8	14.3	14.3	14.5	13.9	13.8	13.6	13.1	12.9

来源：耿楠，2020. APEC 贸易投资自由化：进程、挑战与展望 [J]. 国际贸易（3）：63-72.

从图 2-1 可以看出，APEC 成员体平均关税税率仍然高于 5%，出现这种现象的主要原因是不同部分关税税率差异，具体表现为农产品关税税率较高，非农产品关税税率相对较低（图 2-2）。到 2014 年为止，APEC 各成员体平均关税税率排名前五的分别为乳制品（占比为 22.3%）、饮料和烟草（占比为 16.5%）、谷物和制剂（占比为 15.6%）、咖啡和茶（占比为 13.4%）以及糖和糖果（占比为 13.0%），以上均为农产品。然而，其他非农产品的关税税率相对较低，例如石油（占比为 2.1%）、非电机产品（占比为 2.8%）、化学品（占比为 2.9%）、矿产和金属（占比为 3.6%）以及电机产品（占比为 3.8%）。在 2014—2018 年，APEC 非农产品关税税率从 4.6% 降为 4.3%，农产品关税税率则从 11.9% 降为 11.6%，但是农产品关税税率仍然为非农产品的 2 倍之多。

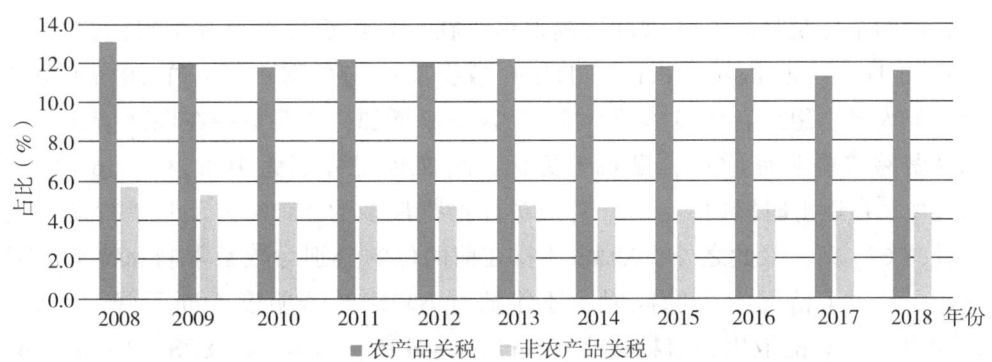

图 2-2　2008—2018 年 APEC 成员体农产品和非农产品平均关税税率

来源：耿楠，2020. APEC 贸易投资自由化：进程、挑战与展望［J］. 国际贸易（3）：63-72.

亚太经合组织为了促进贸易投资自由化，采取了实施 RTAs/FTAs 的措施。截至 2018 年，亚太经合组织一共签订了 186 个 RTAs/FTAs，其中已经生效的超过九成，这个数量约为 20 年之前的 6 倍。在这些协定中，亚太经合组织内部签订了共 68 个，已经生效的接近 95%。1998 年 APEC 成立时，各成员体和 RTAs/FTAs 的贸易额占 34.9%，到 2018 年增长至 64.3%。以上结果表明，亚太经经合组织通过 RTAs/FTAs 的方式推进了贸易投资自由化。

二、非关税壁垒呈减少趋势

1995 年通过的《大阪行动议程》中指出，亚太经合组织各成员体要齐心协力尽可能减少非关税措施（Non-tariff Measures，NTMs），这样才能最大程度地减少贸易失衡；要与 WTO 保持一致性，有任何与之相悖的措施都应该取缔；恪守 WTO 协定；要保证亚太经合组织不同成员体 NTMs 的透明性。1997年，为了减少 NTMs，APEC 成员体采取了推行 IAPs 的方法，或者将 NTMs 改变为关税措施，同时不断增加 NTMs 的透明性。从整体情况来看，亚太经合组织各成员体的 NTMs 逐年减少。按照 IAPs 的原则，只有在一些特定条件下（如安全和环境保护等），一些 NTMs（例如，进出口禁止、限制或许可证措施等）才会被允许，此外，被允许的前提则是不能违背 WTO 的相关规定和原则。目前已经存在的 NTMs 都在 APEC 官网上予以公布，同时也向 WTO 做了报告。

从 2008 年爆发金融危机后，由于贸易保护主义抬头，导致亚太经合组织区域内的全球贸易限制性措施逐渐增多。在世贸组织综合贸易情报门户（Integrated Trade Intelligence Portal，ITIP）数据库中的数据表明：在 2010—2015 年，亚太经合组织各成员体推行的 NTMs 不断增加，主要集中在保障措施、技术性贸易壁垒和征收反补贴税等方面，增加幅度分别为 104.2%、56.4% 和 38.5%。在以上时段内，APEC 各成员体推行最多的 NTMs 为反倾销行动，经统计达 675 项；除此之外，NTMs 中排在前两位的分别为数量限制和特别保障措施。在以上情况发生的同时，还伴随着 NTMs 的透明度不断下降。例如，2010 年 APEC 的卫生和植物检疫（Sanitary and Phytosanitary，SPS）NTMs 向世贸组织报告的比例仅为 43.4%，到 2015 年该比例仅为 31.3%，此外，技术性贸易壁垒（Technical Barriers to Trade，TBT）的报告比例从 2005 年的 65.1% 减少到 2010 年的 48.1%。《全球贸易预警》的数据表明：食品行业是被 NTMs 影响最为严重的领域之一，除此之外，NTMs 在化学制品、金属材料、运输设备等行业也较为严重。近年来，值得 APEC 论坛关注是技术标准类的 NTMs 变得越来越多，也变得更加复杂。在 2018 年"茂物目标"进展的评估中提出了一个新的发现，相比以前的评估，亚太经合组织的部分成员体在数据本地化存储、跨境数据流动等领域施加了新的限制。

三、服务业开放程度不断提高

按照《大阪行动议程》倡议，亚太经合组织各成员体不断进行改革创新，持续增加服务业的开放程度和相关贸易自由化，采取的措施有：减少对相关行业贸易的限制，不断扩大最惠成员体待遇范围，提升市场监管水平，加强成员体内基础设施建设，增强市场活力，增加各成员体的交流和贸易等。

为了进一步提高服务业开放程度，亚太经合组织通过了 WTO《服务贸易总协定》和《双边/区域自由贸易协定》，以此来推进服务贸易自由化。对于很多亚太经合组织成员体来说，1994 年乌拉圭回合结束时，服务水平还很低，并没有反映出服务业的开放性。在多哈回合谈判中，8 个 APEC 成员体（澳大利亚、加拿大、智利、日本、韩国、新西兰、秘鲁和美国）公开发布了修订报告，这些报告相比于 1994 年的服务开放承诺均有所提高。承诺服务开放水平提高最多的部门为商业部门和通信部门。

亚太经合组织在实现服务贸易自由化过程中，表现出的一个很明显的特点就是不断地通过 RTAs/FTAs 的方式来提高各成员体在区域或者双边的开放程度。这些承诺的开放程度相比 WTO《服务贸易总协定》中所承诺的要更高一些，而且还包括改善市场准入和公众待遇条件。

亚太经合组织各成员体实施的 RTAs/FTAs 中的服务承诺趋势日益明显。截至 2008 年，包括服务承诺的 RTAs/FTAs 所占的比例为 57.1%，到 2018 年，该比例上升为 71%，其中，新增加的并且包含服务承诺的 RTAs/FTAs 大多数都采用了负面清单的方法。在 2018 年签订的包含服务承诺的 RTAs/FTAs 共有 121 个，其中采用负面清单的有 68 个，采用正面清单的有 50 个。然而，在逐渐取消限制的进程中，不使用负面清单措施的服务行业之间表现得并不同步。自由化进程推进较快的行业有银行、运输、保健、高等教育和法律服务等；推进较慢的行业有保险、通信服务和电子支付处理服务等，这些行业目前的限制性仍然较高。

2020 年中国服务贸易交易会（以下简称服贸会）于 9 月 4 日在中国国家会议中心（北京）举办，本届服贸会"全球服务，互惠共享"为主题，由中华人民共和国商务部、北京市人民政府主办，世界贸易组织、联合国贸易和发展会议、经济合作与发展组织为永久支持单位。数字贸易、电子商贸、金融服务、5G、大数据、云计算、人工智能、线上服务等成为服贸会的焦点，中国在北京设置自由贸易区，列出服务贸易负面清单，是履行相关承诺、扩大开放的又一实际行动。

四、投资门槛不断降低

亚太经合组织各成员体致力于消除投资壁垒，不断促进投资，很多成员体采取了简化一些行政程序的方法。在 1994 年的 APEC 茂物领导人非正式会议上通过了《亚太经合组织非约束性投资原则》，该文件对 APEC 进一步扩大投资开放具有指导性作用。近些年来，亚太经合组织各成员体总是在采取一些措施吸引投资并减少对外直接投资的限制，这些措施包括放宽外方所有权的条件和投资的进入盘点，不断简化获得预先批准/批准的程序。投资，低税率或免税，对资本、利润或特许权使用费的返还没有限制，可以促进技术工人的引进。除此之外，亚太经合组织还充分利用双边投资协议（包括 RTAs/FTAs）持续促进投资自由化。

虽然亚太经合组织各成员体不断调整和改善本地区的外商投资市场准入条件，但是 APEC 地区仍然存在一定程度的投资限制。APEC 发达成员体采取的主要限制措施为投资审查和事先批准机制，发展中成员体则一般采用股权比例限制。从 2008 年全球金融危机以来，亚太地区的投资环境也开始恶化，在一些行业的投资壁垒逐渐增加。少数 APEC 成员体还针对一些特别的行业领域（例如，健康安全、数据隐私和存储、环境保护、媒体等）设定了投资限制，因为这些行业部门对于成员体来说具有一定的战略意义和文化价值。

第三节 "茂物目标"实现的障碍

"茂物目标"正式提出已经 26 年，也已经取得了一些骄人的成果，虽然亚太经合组织各成员体做出了很多努力和贡献，但如期实现"茂物目标"仍然有很大的难度。

一、内部机制问题逐渐显现

亚太经合组织之所以能够取得当前成就，离不开其独特的运作特征。"APEC 方式"为促进贸易和投资自由化、便利化提供了非常灵活而有效的方式，这也是亚太经合组织活力的重要来源。但是 APEC 在内部合作机制方面也存在一些弊端，尤其是目前的贸易和投资自由化、便利化进入了需要克服困难的关键时期，内部机制问题对如何进一步促进自由化、便利化产生了一定的阻碍。内部机制问题主要表现为两个方面：第一，APEC 的这种"软约束"机制不能确保多方合作的有效实施。尽管亚太经合组织采取了 IAPs，同行评审（peer-review）和定期盘点等监督措施，但这种监督机制比较薄弱，并非强制执行，比如有些成员体未能按时提交 IAPs，最终也没有任何惩罚措施，评审过程中也没有任何量化指标进行盘点。第二，亚太经合组织一向倡导的是开放性，这样就会出现一些非 APEC 成员体也能享受 APEC 待遇的现象，这会使得部分 APEC 成员体降低开放市场的积极性。在关税税率方面表现尤为明显，目前 APEC 成员体间的平均关税税率低于 WTO 平均水平，这会使得非 APEC 成员直接享受贸易自由化、便利化的成果，形成"搭便车"的现象。因此，越来越多的 APEC 成员体开始由开放性的市场转为相对封闭性的 RTAs/FTAs，从而形成"意大利面碗"效应，这势必会影响 APEC 的自由化进程和 APEC 整体的团结及凝聚力。

二、APEC 各成员体间差异较大

亚太经合组织是一个区域性质的经济组织，由发达成员体和发展中成员体共同组成，这就导致了不同成员体的经济发展状况和风险抵抗能力的差别，在实现"茂物目标"过程中有差异性较大的利益诉求，从而在一些敏感问题上很难形成共识，比如关税减让和投资保护等问题。另外，APEC 的议事准则是"自愿而非强制性""协商一致"，这也对"茂物目标"的推进产生了一定程度的影响。共同的理念有助于一个组织内部更加团结，但是 APEC 成员体经济发展水平差距悬殊，不同成员体有各自的分工，有劳动力密集型、资本密集型以及技术密集型等不同类型产业导向，这就导致 APEC 成员体最初参加 APEC 组织所确定的目标相差甚远。这就是各成员体间没有形成共同的发展理念，共同理念的缺失就导致 APEC 各成员体在谈判时形成更多纠纷和矛盾。

此外，由于亚太经合组织成员体数量较多，而且成员体之间的经济发展、政治制度、社会文化、历史渊源等方面都存在很大的差异性，正是这些差异性给各成员体带来了巨大挑战。最近几年，由于区域性的大成员体政策调整进一步导致了不同成员体的利益分化，这给 APEC 自由开发市场的建设带来了很大的不确定性。2016 年以来，美国不断推行单边主义和保护主义，这为 APEC 的贸易自由化、便利化又增添了许多阻碍。很明显的是，美国对中国进口的产品加征不同程度的关税，故意制造贸易摩擦，使得中美关系乃至 APEC 地区的经贸关系陷入紧张状态。此外，美国还以国家和地区安全为借口增加外商投资的限制，导致投资环境恶化。美国的这些做法与 APEC 的开放性是相悖的，同时也与众多的 APEC 成员体促进贸易自由化的诉求相悖。在 2018 年亚太经合组织巴布亚新几内亚领导人非正式会议上由于各成员体意见分歧，导致未通过任何共同协定或者宣言，这也是 APEC 领导人非正式会议首次未达成任何有效的宣言。今后如何协调不同成员体之间的利益关系成为 APEC 要解决的重点问题。

三、APEC 议题不断扩展的影响

亚太经合组织最初成立时的目标是为促进亚太地区的经济发展，持续推进多边贸易。一直以来，APEC 的核心议题都是贸易和投资的自由化、便利化以及经济技术方面的合作。自 20 世纪末以来，随着国际社会和地区环境的快速变化，APEC 为了自身发展，涉及的领域和议题越来越多，议题逐渐从经济扩散到不同的领域，涵盖面越来越广，包括社会责任、新经济、创新增长、结构性改革、数字经济、妇女参与经济、卫生、教育和劳工、气候变化、粮食和食品安全、能源安全和可持续能源发展、绿色经济、蓝色经济、基础设施互联互通、反恐、防灾减灾和反腐败等各个方面。APEC 的常规议题已经包含了安全和反恐等方面的非经济议题。

此外，亚太经合组织所涉及的议题已经从地区性问题逐步转向全球性问题。不断增加的议题也为 APEC 贸易投资自由化提供了新的动力，也在不断提升其国际地位。当然，这些议题的不断拓展和增加也会产生一些弊端。首先，在 APEC 合作中所涉及的领域达到几十个，包括经济和非经济领域，非经济领域中安全问题的提出，则使得传统的反恐议题拓展到更加丰富的议题，例如，金融安全、粮食安全、健康安全、食品安全等。这些议题存在于 APEC 各个层次的会议，这就会导致传统的三大议题关注度降低，最终导致 APEC 偏离其最初的目标。伴随着议题范围的逐渐扩散，APEC 成员体的精力分散就难以避免，也导致了贸易投资自由化的核心议题的关注度被降低，进而导致本组织在经济领域推进效率的降低。其次，由于议题的不断增加，许多成员体提议要通过加强 APEC 约束性以达到提升效率的目的，但是这样就对 APEC 一直信奉的自主自愿原则不可避免地形成一种挑战。随着 APEC 关注的议题范围逐渐增多，各成员体的利益分化也越来越明显。例如，美国等发达成员体更加注重政治领域的相关议题，并试图想用政治控制 APEC，而发展中成员体则更注重经济发展的相关议题，对经济和技术合作等更为感兴趣。这些均会不同程度地阻碍"茂物目标"的实现进程。

四、"茂物目标"的执行存在困难

亚太经合组织政策支持小组和其他国际组织或机构（世界贸易组织、经济合作与发展组织、联合国贸易与发展委员会、世界银行、亚洲发展银行、美洲开发银行）在2010年联合对APEC成员体"茂物目标"的实现情况进行了评估，评估结果并没有明确说明各成员体是否如期实现了"茂物目标"，因此，从对该目标的实现情况来看充满了不确定性。

第一，从"茂物目标"本身的情况来看，由于各成员体各种差异原因，APEC采用了发达成员体和发展中成员体实现该目标的两个时间标准。同时，对该目标的内容表述没有量化标准，只是提出了贸易自由化和便利化的总体方向，不同成员体在具体过程中会根据自身的理解进行执行。除此之外，APEC缺乏对"茂物目标"执行情况的监督和评估标准，这些因素都会不同程度地影响该目标的执行效率和进程。

第二，从亚太经合组织的运行机制情况来看，该组织在推行贸易自由化、便利化时保持的是自主性和非约束性原则。这种运行机制虽然在APEC刚成立时具有一定的作用，比如可以避免由于成员体之间的差异而引发冲突，从而可以实现多层面的合作，但是随着APEC的发展和"茂物目标"的不断推进，就需要有一种有效的机制来监督或者约束各成员体，才能确保该目标的顺利有效执行。因为没有硬性评估标准，2010年所有参与评估的成员体均通过了评估，这样就会使得各成员体轻视"茂物目标"的实现。

第三，在多边贸易谈判时进展不够顺利，这直接会给"茂物目标"的实现产生消极影响。2001年11月开始启动多哈回合谈判，由于发达成员体和发展中成员体在农业和非农产品市场准入、服务贸易等方面意见不一致，导致了谈判已经过去十多年仍然没有进展。此外，加之APEC运行机制的影响，在当前环境下，多边贸易的谈判挑战巨大，使得实现"茂物目标"的可能性减小。

2011年5月，APEC高层领导人会议中确定了旨在评估各成员体"茂物目标"实施情况的新指导方针，并决定从2012年起，每两年要对各成员体"茂物目标"实施的情况进行一次评估。2016年，APEC评估报告表明：APEC各成员体之间的贸易和投资自1990年以来始终在增长，但自从2008年全球金融危机爆发后，贸易增速逐渐开始放缓；关税在整体上有所降低，但某些产业的关税仍然比较高；服务贸易的限制被放宽，每个成员体和行业的限制程度都不一样；非关税壁垒明显增加；各成员体虽然在努力改善和营造新的投资环境，然而外部投资的情况并不乐观；贸易自由便利化程度进展较为顺利，为了促进投资更加自由化和便利化，各成员体尽管采取了一些对策，但还是有增加投资成本的挑战；虽然经济得以增长，社会得以进步，但就业水平自金融危机以来一直没有完全恢复；另外，生态环境方面的可持续发展仍然存在很大的挑战。从综合现实情况来看，在2020年实现APEC"茂物目标"可能性较小，其原因：首先，在确定"茂物目标"的时候，由于没有给出具体的定量指标，也没有明确的评价标准，因此各成员体之间对"茂物目标"的理解存在差异；其次，到目前为止，APEC还没有成员体实现"茂物目标"的监督机制和评判准则，此外，APEC还践行自主自愿的原则，"茂物目标"的如期实现就没有制度保障；最后，APEC各成员体之间的贸易和投资自由化、便利化已经进入瓶颈期，并且继续推进的阻力较大，同时，WTO的很多合作谈判也并不顺利，因此，APEC各成员体对"茂物目标"的最终实施持悲观态度。

五、贸易保护主义带来负面影响

近年来，一些发达成员体，不断鼓吹贸易保护主义，违背发展初衷，逆时代发展要求而上。美国先是宣布退出TPP，而且还要对北美自由贸易协定（North American Free Trade Agreement，NAFTA）重新进行谈判，紧随其后的就是韩美自由贸易协定也进入重新谈判阶段。当今世界，贸易保护主义在经济发展方面的负面影响显而易见。国际货币基金组织（International Monetary Fund，IMF）在2018年10月发布了一份报告，也就是《世界经济展望：稳定增长面临的挑战》，报告中对2018年以及2019年两年的全球增长率的预测下调成3.7%。2018年11月举办的巴布亚新几内亚APEC领导人非正式会议因为成员体间的意见形成严重分歧，会后并未形成任何宣言。贸易保护主义对APEC"茂物目标"的不利影响显而易见。

由于2008年国际金融危机的影响，全球经济都受到了重创，全球贸易也受到影响，增速大幅降低，近些年来，虽然全球经济得到一定的恢复，但是这次风暴的影响仍然存在。尤其是一些成员体在金融风暴中暴露出了本身的结构性问题。例如，有效需求不足、缺乏活力等，这就导致了全球经济进入了低速增长阶段。在这样的背景下，逆全球化开始出现，在一些成员体出现了单边主义和保护主义，国际贸易环境变得更加恶劣，成员体之间的贸易摩擦逐渐增多，给全球经济与贸易增长带来了很大的阻力。2019年由世贸组织发布的《全球贸易数据与展望》表明：2018年全世界经济与贸易增长仅为3%，这远低于最初的估计，其原因主要是贸易摩擦和经济不确定性。在这样的条件下，该文件提出将2019年全世界经济贸易增长由3.7%调整为2.6%。世贸组织发布的有关二十国集团（G20）经济贸易报告提出：2018年5月至2019年5月期间，G20成员体由于受贸易限制影响，直接影响金额达8 168亿美元；此外，多哈回合谈判长时间没有成果，世贸组织改革进程缓慢，众多议题难以达成一致，导致世贸组织的地位都可能受到影响，甚至有被"边缘化"的可能。在这样的国际大背景下，APEC的经济和贸易必然受到影响，"茂物目标"的实现必然面临巨大挑战。

六、新增自由贸易区的影响

因为非APEC成员体的"搭便车"行为，WTO多哈回合谈判无果，APEC成员体为了继续开放本地市场，开始相继采取签订具有排他性和约束性的FTAs/RTAs等措施。在亚太经合组织内，FTAs/RTAs的签订总共经历了两次浪潮，第一次是在20世纪80—90年代，签订的成员体主要集中一些相同区域，例如，美加自由贸易区、北美自由贸易协议（North American Free Trade Agreement，NAFTA）、东盟自贸区（ASEAN Free Trade Area，AFTA）等。第二次则是在20世纪末期一直到现在，截至2016年2月，亚太经合组织内部已经签订并且生效的RTAs共有59个（表2-3）。这些新的区域组织对APEC的发展会造成不同程度的影响。

表2-3 APEC内部已经生效的区域贸易协定

编号	区域贸易协定成员体	涵盖范围	类型	生效时间
1	东盟-澳大利亚-新西兰	货物贸易/服务贸易	FTA/EIA	2010年1月1日
2	东盟-中国	货物贸易/服务贸易	FTA/EIA	2005年1月1日（G）；2007年7月1日（S）
3	东盟-日本	货物贸易	FTA	2008年12月1日
4	东盟-韩国	货物贸易/服务贸易	FTA/EIA	2009年5月1日（S）；2010年1月1日（G）；
5	东盟	货物贸易	FTA	1992年1月28日
6	澳大利亚-智利	货物贸易/服务贸易	FTA/EIA	2009年3月6日

（续表）

编号	区域贸易协定成员体	涵盖范围	类型	生效时间
7	澳大利亚-新西兰	货物贸易/服务贸易	FTA/EIA	1983年1月1日（G）；1989年1月1日（S）
8	澳大利亚-中国	货物贸易/服务贸易	FTA/EIA	2015年12月20日
9	澳大利亚-巴布亚新几内亚	货物贸易	FTA	1977年2月1日
10	文莱-日本	货物贸易/服务贸易	FTA/EIA	2008年7月31日
11	加拿大-智利	货物贸易/服务贸易	FTA/EIA	1997年7月5日
12	加拿大-秘鲁	货物贸易/服务贸易	FTA/EIA	2009年8月1日
13	加拿大-韩国	货物贸易/服务贸易	FTA/EIA	2015年1月1日
14	智利-中国	货物贸易/服务贸易	FTA/EIA	2006年10月1日（G）；2010年9月1日（S）
15	智利-日本	货物贸易/服务贸易	FTA/EIA	2007年9月3日
16	智利-马来西亚	货物贸易	FTA	2012年2月25日
17	智利-墨西哥	货物贸易/服务贸易	FTA/EIA	1999年8月1日
18	智利-越南	货物贸易	FTA	2014年1月1日
19	中国-中国香港	货物贸易/服务贸易	FTA/EIA	2003年6月29日
20	中国-中国澳门	货物贸易/服务贸易	FTA/EIA	2003年10月17日
21	中国-新西兰	货物贸易/服务贸易	FTA/EIA	2008年10月1日
22	中国-新加坡	货物贸易/服务贸易	FTA/EIA	2009年1月1日
23	中国香港-智利	货物贸易/服务贸易	FTA/EIA	2014年10月9日
24	中国香港-新西兰	货物贸易/服务贸易	FTA/EIA	2011年1月1日
25	日本-澳大利亚	货物贸易/服务贸易	FTA/EIA	2015年1月15日
26	日本-印度尼西亚	货物贸易/服务贸易	FTA/EIA	2008年7月1日
27	日本-马来西亚	货物贸易/服务贸易	FTA/EIA	2006年7月13日
28	日本-墨西哥	货物贸易/服务贸易	FTA/EIA	2005年4月1日
29	日本-秘鲁	货物贸易/服务贸易	FTA/EIA	2012年3月1日
30	日本-菲律宾	货物贸易/服务贸易	FTA/EIA	2008年12月11日
31	日本-新加坡	货物贸易/服务贸易	FTA/EIA	2002年11月30日
32	日本-泰国	货物贸易/服务贸易	FTA/EIA	2007年11月1日
33	日本-越南	货物贸易/服务贸易	FTA/EIA	2009年10月1日
34	日本-新加坡	货物贸易/服务贸易	FTA/EIA	2005年9月22日
35	韩国-澳大利亚	货物贸易/服务贸易	FTA/EIA	2014年12月12日

(续表)

编号	区域贸易协定成员体	涵盖范围	类型	生效时间
36	韩国–智利	货物贸易/服务贸易	FTA/EIA	2004年4月1日
37	韩国–新加坡	货物贸易/服务贸易	FTA/EIA	2006年3月2日
38	韩国–美国	货物贸易/服务贸易	FTA/EIA	2012年3月15日
39	韩国–中国	货物贸易/服务贸易	FTA/EIA	2012年12月20日
40	马来西亚–澳大利亚	货物贸易/服务贸易	FTA/EIA	2013年1月1日
41	新西兰–中国台北	货物贸易/服务贸易	FTA/EIA	2013年12月1日
42	新西兰–马来西亚	货物贸易/服务贸易	FTA/EIA	2010年9月1日
43	新西兰–新加坡	货物贸易/服务贸易	FTA/EIA	2001年1月1日
44	新西兰–韩国	货物贸易/服务贸易	FTA/EIA	2015年12月20日
45	北美自由贸易区（NAFTA）	货物贸易/服务贸易	FTA/EIA	1994年1月1日
46	秘鲁–智利	货物贸易/服务贸易	FTA/EIA	2009年3月1日
47	秘鲁–中国	货物贸易/服务贸易	FTA/EIA	2010年3月1日
48	秘鲁–韩国	货物贸易/服务贸易	FTA/EIA	2011年9月1日
49	秘鲁–墨西哥	货物贸易/服务贸易	FTA/EIA	2012年2月1日
50	秘鲁–新加坡	货物贸易/服务贸易	FTA/EIA	2009年9月1日
51	新加坡–澳大利亚	货物贸易/服务贸易	FTA/EIA	2003年7月28日
52	新加坡–中国台北	货物贸易/服务贸易	FTA/EIA	2014年4月19日
53	泰国–澳大利亚	货物贸易/服务贸易	FTA/EIA	2005年1月1日
54	泰国–新西兰	货物贸易/服务贸易	FTA/EIA	2005年7月1日
55	跨太平洋战略经济伙伴关系协定（TPSEP）	货物贸易/服务贸易	FTA/EIA	2006年5月28日
56	美国–澳大利亚	货物贸易/服务贸易	FTA/EIA	2005年1月1日
57	美国–智利	货物贸易/服务贸易	FTA/EIA	2006年9月1日
58	美国–秘鲁	货物贸易/服务贸易	FTA/EIA	2009年2月1日
59	美国–新加坡	货物贸易/服务贸易	FTA/EIA	2004年1月1日

数据来源：张国军，2016. 亚太区域经济合作机制变迁与中国对策研究［D］. 北京：对外经济贸易大学.

由于新增的自由贸易区的影响，使得亚太经合组织自由化受阻。FTAs/RTAs是排他性的、封闭性的，而且具有约束性，所得到的成果是不对外开放的，最重要的是，这些协议所规定的关税或者非关税措施是具有强制性的。相反，APEC则是开放性的，非约束性的，任何区域之外的成员体都可以享受成果。这样一来，FTAs/RTAs 可以为成员体提供确定性的收益，因此更加受欢迎。2000 年以后，亚太经合组织范围内的自由贸易迅速增长。从整体上来看，这些新增的区域自由贸易对 APEC 贸易投资自由化、便利化有利也有弊。一方面，这些自由贸易区对 APEC 成员体之间减少贸易投资壁垒是有积极影响的，可以进一步促进市场开放。在亚太经合组织"茂物目标"的评估报告中对于新增的自由贸易区持肯定态度。另一方面，新增的自由贸易区制定的规则和标准各不相同，与现存的一些标准相重叠，结果形成了"意大利面碗"现象，这样就削弱了 APEC 在推动经济贸易方面的领头羊地位。亚太经合组织为了协调 FTAs/RTAs，采取了一些措施，例如，"最佳范例"和"示范条款"等，但是效果都不理想。如何有效避免这些问题给 APEC 实现"茂物目标"带来了严峻的挑战。

第四节 实现"茂物目标"的路径

随着最后"茂物目标"期限的接近，亚太经合组织将迎来新的发展。总结以往的经验和教训，亚太经合组织必须进一步完善内部机制，充分发挥自身的优势，这样才能在新的时期迎接未来的挑战，实现进一步的发展，更大程度地激发各成员体的活力，实现贸易投资自由化、便利化。总的来说，问题的关键并不在于是否能按期实现"茂物目标"。更为重要的是，为促进地区经济增长，减少贸易和投资壁垒，加强 APEC 各成员体之间的经济技术合作，才能满足所有 APEC 成员体的共同利益。在这个层面上，"茂物目标"所设定的"贸易和投资自由化"原则，应该是 APEC 的继续前进方向。

一、继续坚持自由化的贸易投资方向

2018 年 9 月，中国公布的《关于中美经贸摩擦的事实与中方立场》中指出：2017 年全世界新增 837 项具有明显保护主义色彩的措施，其中有 143 项出自美国，占整体的比例高达 17.1%；2018 年 1 月至 7 月，美国颁布的保护主义措施更是占世界总量的 33%。在这样的逆行环境中，APEC 在强烈反对贸易保护主义的同时，要继续坚持正确的发展方向不动摇，为了早日实现"茂物目标"，APEC 各成员体应该携手共进、共同努力，继续增加开放的力度，进一步扩大在 APEC 地区和全世界贸易和投资的自由化程度，增强技术和经济

领域的合作，处理好各方关系的同时实现双赢和多赢，以此保证 APEC 模式能继续延续。中国国家主席习近平在 2018 年 11 月召开的亚太经合组织工商理事会与领导人峰会上发表了题为《同舟共济创造美好未来》的重要讲话，习主席肯定了目前 APEC 组织和工作的成绩，同时指明了 APEC 将来的发展方向。APEC 是构建开放世界经济的先行者。"茂物目标"的期限时间是 2020 年，因此有必要更多地关注 2020 年以后的合作方向，继续加大力度推进亚太自由贸易区的建设。此外，明确并坚决反对保护主义和单边主义，保护多边贸易体制。APEC 要坚持开放、包容、普惠、平衡、共赢的方向发展，坚持人类命运共同体的理念，进一步引领经济全球化。

由于 1994 年"茂物目标"的提出，亚太经合组织各成员体的积极性被充分调动，随着"茂物目标"实现期限的到来，APEC 各成员体在已经获得的成果基础上，要不断为进一步实现贸易自由化、便利化开辟新的合作方向。2004 年提出的亚太自贸区的建议逐渐得到越来越多的关注。在 2014 年的亚太经合组织北京领导人非正式会议上通过了《亚太经合组织推动实现亚太自贸区的北京路线图》，2016 年利马领导人非正式会议上通过了《亚太自贸区的总体战略》。未来需要 APEC 各成员体在以往的基础上相互合作交流，不断加强对话，实现更为开放的、领域更广阔的自贸区建设，要充分发挥在亚太自贸区建设过程中 APEC 协调者和孵化器的作用，实现更高水平的发展，为各成员体公众谋更多的幸福。

亚太经合组织成员体涵盖亚洲、大洋洲、北美洲和南美洲，地理分布较为广阔，具有一定的多样性和地域差异性，其中大部分成员体都属于发展中成员体（约为 2/3）。1991 年《汉城宣言》通过了 APEC 的宗旨和目标，可以表述为"相互依存，共同利益，坚持开放的多边贸易体制和减少区域贸易堡垒"。在"后茂物"阶段，APEC 各成员体应该继续致力于实现这一目标，努力实现更加开放、包容的贸易投资自由化、便利化。同时，还要在发达和发展中成员体中保持平衡，着力帮助发展中成员体实现贸易增长，确保成果惠及各成员体公众。经济技术合作是亚太经合组织的重要领域之一，在各成员体经济发展过程中具有非常重要的作用，但是，该方面的发展水平还比较低，因此，APEC 各成员体要加强交流，尤其是加强在经济技术方面的合作。在 APEC 各个层次的议题中，要更加注重发展中成员体的利益诉求，多增加中小微企业发展、劳动力市场改善、妇女平等就业、社会保障、扶助弱势群体等议题的讨论。

二、实现无缝区域经济

亚太经合组织领导人 2010 年批准的"无缝区域经济目标"，可以涵盖经济一体化的所有方面——贸易、投资、金融、人员流动和互联互通。如果自由开放的贸易和投资，无缝区域经济的愿景不仅要比"茂物目标"更广泛，而且要更加具有雄心。自 1994 年以来的 26 年里，"茂物目标"为亚太各成员体提出协调一致的、促进自由开放的贸易和投资总基调。一个无缝区域经济的更广泛愿景可以指向高效区域经济一体化的下一阶段。亚太经合组织各成员体现在可以通过关注促进经济一体化的新机会，强化已经基本自由的贸易环境。

三、改变 APEC 运行方式

在长期的实践和发展中，APEC 形成了自己独特的运作机制，称为"APEC 模式"。它的特征是开放性、自愿、共识性和灵活性。这种模式遵循了 APEC 各成员体需求多样化的特点，曾经促进了 APEC 进程，但是也逐渐暴露出一些缺点。今后 APEC 组织在继续保持其运行机制的基础上，仍需适时实施机构改革，强化监督和评估功能，改善在各个领域的实施效率。

基于亚太经合组织各成员体的经济发展情况、政治制度、社会文化等方面依然保持多样性的背景，后期 APEC 应该在此基础上，保持高度灵活，继续遵循自主自愿、协商一致的原则。这也是各成员体能普遍遵循的有效路径。然而，APEC 也要根据国际情势的变化加大机制的改革力度，不断完善不足之处。例如，APEC 需要在保持现有运行方式的基础上，加强监督管理，保证政策的有效执行；还需要对现有的评估标准进行明确化和定量化，不能流于形式。采取不断施压的措施来加强政策的落实和成员体的执行效率。

四、不断学习国际经贸规则制订的先进经验

最近几年，亚太经合组织和 WTO、G20、金砖国家合作机制等的交流讨论议题越来越紧密，交叉领域也越来越多，APEC 可以依靠自身的灵活性和非约束性等优势，学习 WTO 等组织在规则制定、议题更新等领域的经验。由于目

前 APEC 成员体均为 WTO 成员，可以在合作中充分交流讨论，学习 WTO 的相关改革经验，甚至在一定程度上先行实现一些合作成果，这样可以避免由于 WTO 的约束性而导致僵局的谈判。在实际中，亚太经合组织一直致力于推动多边贸易，例如，乌拉圭回合谈判、《贸易便利化协定》《环境产品协定》等。21 世纪以来，数字时代的变革给全球经济贸易带来了深刻的影响，并导致了国际经济和贸易规则的重塑。亚太经合组织凭借其灵活性等优势，使得其能在国际新领域的相关议题中积极开展探索研究，例如，制定了跨境隐私保护规则体系（Cross Border Privacy Rules，CBPRs），同时和欧盟进行合作，交流 CBPRs 与《通用数据保护条例》之间的联系和合作，为数字隐私保护和数字贸易规则制定做出了积极贡献。

第三章　APEC 数字经济

亚太经合组织是目前亚太地区最有影响力的经济合作组织，也是级别最高的组织。截至目前，APEC 共有 21 个成员体。经过长期的发展，APEC 已经形成了较为完善的体制机制，一共包括五个层级，分别为：领导人非正式会议（每年一次）、部长级会议（包括双部长会议和专业部长会议，其中前者每年一次，后者定期或者不定期举行）、高官会（每年 3~4 次）、委员会和工作组 [委员会包括：贸易和投资委员会（Committee on Trade and Investment, CTI）、经济委员会（Economic Committee, EC）、经济技术合作高官指导委员会（Steering Committee of Senior, SCE）和预算管理委员会（Budget Management Committee, BMC）；各个委员会下设多个工作组]、秘书处。APEC 讨论和关注的议题范围较广，大多数是有关各地区甚至全球经济发展的问题，例如贸易投资自由化和便利化、经济一体化、创新和改革、多边贸易、经济技术合作等，近年来，数字经济开始被广泛提及，关注度逐渐提升。

首先，亚太经合组织在电子商务和数字经济等领域有很多合作成果，例如在 2000 年通过了《APEC 新经济行动议程》，2001 年通过了《数字 APEC 战略》，2002 年通过了《APEC 领导人关于执行贸易与数字经济政策的声明》，2014 年通过了《APEC 促进互联网经济合作倡议》，2017 年通过了《APEC 跨境电子商务便利化框架》，同年还通过了《APEC 互联网和数字经济路线图》，这些成果都表明各成员体对数字经济领域的重视和关注。另外，很多工作组都涉及数字经济的议题，专业性也越来越高，与数字经济相关的工作组或者具有相关性的工作组包括 CTI、EC、电子商务指导组（E-Commerce Steering Group, ECSG）、电信工作组（Telecommunications Working Group, TELWG）、中小企业工作组（Small and Medium-sized Enterprises Working Group, SMEWG）、科技创新政策伙伴关系机制（Policy Partnership System of Technology Innovation, PPSTI）、妇女与经济政策伙伴关系机制（Policy Partnership of Women and Economic, PPWE）、APEC 工商咨询理事会（APEC Business

Advisory Council，ABAC）等。数字经济相关议题正逐渐成为当前经济发展中的新课题，我们要在此背景下，继续加速推进数字经济向更广阔的方向发展。

第一节 数字经济的含义

数字经济，又称信息经济，对于数字经济的定义有很多，Tapscott发明出"数字经济"一词，他概括描述数字经济是一种新兴经济，在数字经济中各种形式的信息都以数字的方式传递，演化成储存在计算机中的比特，并且以光速在网络上传播。传统的物理形式存储的大量信息得以简化，现在可以直接打包成字节大小的数字1和0；其本质是一系列经济活动的总和或由这些经济活动组成的经济系统，该经济活动的重要生产要素是数字化的知识和信息。虽然数字化已经普遍化，但是目前的数字经济状况与Tapscott的理想定义还天差地别——没有实现所有事物的数字化。与此相反，当前经济发展中，新旧、物理和数字是相辅相成的。因此，分析数字经济可能更加有用，其作为一个有活力的主流经济部门，对制造业等其他经济部门都会产生影响。数字经济是20世纪90年代以来由于信息技术的快速发展而随之产生的一种新的经济形式，现代网络是其发展的基本载体。随着信息和通信技术的迅猛发展，传统的经济发展和经济增长方式以及贸易模式得以改变。目前在APEC地区乃至世界大部分地区，数字经济已经成为当地经济增长的主要动力，也是促进经济转型升级的主要因素之一。数字经济以及大数据、机器人、区块链、机器人、5G技术、云计算等先进技术为APEC成员体带来了加速创新和实现繁荣的广泛机遇。数字经济下实现的社会进步也将是达到包容、可持续、创新和安全的有利助推器。

亚太经合组织达成的一个共识是数字经济可以促进经济的可持续发展和包容性增长。2018年的巴布亚新几内亚会议以及2019年智利发布的重点合作优先领域都提到了数字经济，许多工作组，包括"2020年后APEC愿景"和"良好规制实践"等对相关议题保持了持续的关注。一些发展中成员体对数字经济所带来的新技术也兴味盎然，巴布亚新几内亚在2018年的对话交流中提出一个发展理念，即"将积极利用区块链技术实现金融普惠"。随着亚太经合组织对数字经济日益关注，不同领域之间和不同工作组之间的相关讨论和合作也越来越多。一些数字经济发展比较快、实力较强的成员体以亚太经合组织为平台，大力倡导和推行其政策，从而导致有关数字经济的竞争越来越激烈。目前国际上对数字经济的一些规则制定的竞争角力正酣，美国和欧盟等发达国家和地区拥有数据隐私保护和数据治理规则制定的主动权，对全球不同国家和地区的网络主权提出了挑战。那么如何尽快有效地制定或者改善本地区的相关规则显得十分紧迫。美国在2018年11月的亚太经合组织领导人非正式会议上试图故意破坏相关的议事方式和规则，直接导致了各成员体意见分歧。近年来，我国数字经济蓬勃发展，取得的成果有目共睹，发展的实践经验也受到很多成员体的关注。通过一段时间的"网络强国"和"数字中国"建设，我国在数字经济方面已经在全球具有一定的话语权。2017年，我国的数字经济规模为27.2万亿元人民币，位居全球第二，分享经济蓬勃发展，网络零售和移动支付交易均居全球第一位，网络扶贫也实现了贫困地区和贫困人口自我发展，内生动力不断增强。发展中的成员体紧密关注中国在数字经济方面的发展情况，预借鉴中国数字经济发展的成功经验，拷贝中国采取的政策措施，此外，包括数字经济在就业方面和缩小数字鸿沟方面的作用也是这些成员体关注的重点。

　　为了给数字经济提供一个结构化的框架，将数字经济确定为3个主要组成部分：电子商务（e-business）基础设施；电子商务流程；电子商务交易（e-commerce）。电子商务基础设施是指推动和维护数字经济的硬件、软件、信息和通信技术（Information and Communication Technology, ICT）服务和人力资本，包括计算机、软件（如操作系统）、支持服务和人力程序员。电子商务流程是指商业组织通过计算机网络进行的流程，如在线采购、电子支付、电话会议和管理系统。最后，电子商务交易是指通过计算机网络进行交易的商品和服务的价值，例如，通过互联网购买书籍或CD等。

　　从"数字贸易"的视角也涉及数字经济。2019年3月，经合组织和世贸组织召开国际货物和服务贸易统计联合工作组会议，正式确定数字贸易的概念框架。它将数字贸易定义为"数字订购和/或数字交付的所有贸易"，并通过展示交易的性质（"如何"）、产品（"什么"）和交易方（"谁"）来描述数字贸易的不同要素（例如，生产商和用户）。更重要的是，它将数据和信息列为数字经济中交易的关键和独特产品。它还将数字经济中3种主要的非排他性交易模式分类为：数字订购、数字交付和数字中介平台启用。数字订购交易包括通过计算机网络销售或购买商品和服务，例如，通过出版商网站购买图书将被归类为数字订购交易；数字交付的交易将包括以数字方式为消费者提供的服务和数据流，如电子书、音乐和软件的下载；数字中介交易是指在线电子商务平台的中介机构提供便利的交易（但这些平台不具有所售商品或服务的经济所有权）。

尽管取得了一些实质性进展，APEC 区域仍处于对数字经济概念化的早期阶段。首先，数字经济相对较新，而且处于不断变化之中；其次，随着技术和在线工具/平台在日常生活和经济中发挥更大的作用，区分数字经济和非数字经济变得更加困难，例如，如果一个人在 YouTube 上观看广告后从实体店购买了一件 T 恤衫，该如何对该交易进行分类？如果有人在网上商店看到一件商品，但却决定从同一家公司实体店购买，如何界定，研究显示部分人认为它应该是非数字经济，因为它既不是数字订购，也不是数字交付，部分人则认为它应该是数字经济的一部分，因为数字内容（即广告和网上商店中列出的商品）在购买中起了作用。

除了在数字经济的精确定义和范围上存在分歧外，还有一些技术问题使得在大多数定义和范围（包括狭义的定义和范围）下难以精确衡量数字经济。这些技术问题包括当前的生产前沿在多大程度上涵盖了数字经济的各个方面（例如，数据估值和"免费"服务）、收集的统计数据类型以及统计数据的汇总水平。

由于 APEC 成员体在数字经济方面有着不同的利益和优先事项，而且数字经济复杂且多面，APEC 成员体很难就数字经济的定义达成一致。尽管如此，APEC 论坛已经在设计工作计划，应对数字经济挑战，并制定战略，以衡量数字经济的各个领域。

数字经济的出现有望完成全球价值链（Global Value Chains）的改变，由于它是创新技术推动下的产物。新的生产过程及模式随着创新技术应运而生，进而改变全球的生产和贸易构架。具体的创新技术包括上面提到的电子商务、机器人、云计算、人工智能、纳米技术或 3D 打印、物联网以及大数据等。一些变化已经开始在全球价值链中扩散开，这些变化既能提高生产力和竞争力，同时也面临着失业和数字鸿沟或市场混乱的挑战。

第二节 APEC 数字经济的发展历程

从 20 世纪 90 年代开始，在数字经济领域的合作不断加强，其重要性已经在 APEC 中逐步达成共识，同时，互联网以及数字经济的内涵也逐步得到加深。这个深化演进的过程可以大致分成四个阶段：初步提出、探索发展、总体建设和具体实施。

一、起步阶段

伴随着信息技术的发展以及互联网的不断普及和应用，自 20 世纪 90 年代以来，电子商务在全球范围内普遍受到重视。1997 年，区域内的电子商务协调发展问题被亚太经合组织列入工作日程。后来由澳大利亚和新加坡牵头，在 1998 年成立了电子商务工作组，主要负责对区域内的电子商务发展计划编制的协调。自此电子商务成为 APEC 的核心议题之一。1998 年 11 月，APEC 部长级会议通过了《APEC 电子商务行动蓝图》，同时还确定了未来如何推动电子商务的行动框架，标志着 APEC 第一个数字经济合作行动计划应运而生，该行动计划主要是在电子商务领域的合作形成了统一的认识，也为亚太经合组织不断加强合作交流，一起推进电子商务的发展确定了方向。该行动计划还围绕企业、政府以及市场这 3 个方面，总结出发展电子商务时运用信息技术和通信技术的基本原则；同时，还制订了"文莱目标"，该目标的主要内容是要求 2005 年之前发达成员体、2010 年之前发展中成员体实现贸易无纸化。在这个初步发展阶段，APEC 各成员体之间基本上就数字经济达成了共识并且统一了行动目标。但是也有很多限制，例如，由于受到信息与通信技术的限制，导致了当时 APEC 数字经济所延伸的合作领域太少，主要集中在单一的电子商务领域。为了配合"行动蓝图"的实施，在原有电子商务工作组的基础上，1999 年，亚太经合组织又成立了 APEC 电子商务指导组（Electronic Commercial Steering Group，ECSG），这个指导组由各成员体派员参加。2020 之前几年，电子商务组组织各成员体对电子商务发展中的前沿问题进行积极讨论，并且组织开展了能力建设和经验共享等合作与交流的一系列活动，协助各成员体改善电子商务环境的建设工作，让消费者增强信心，并且对企业发展和应用电子商务进行引导和推动。电子商务指导组的工作内容已经涉及个人隐私保护、无纸贸易、消费者保护、电子商务领域里的经济与技术合作等，对各成员体产生了很大的影响，拓宽了各成员体发展电子商务创造良好环境的思路，得到了亚太经合组织高官会和贸易部长会议的肯定。

二、探索阶段

21世纪以来，是APEC数字经济探索发展阶段，APEC在《新经济行动议程》以及《数字APEC战略》的基础上，制订了一些领域的具体目标和计划，主要包括互联网基础设施建设、人力资源建设以及电子商务等在内的领域。同时，还制订了数字基础设施的相关目标，具体为：相比2000年，之后5年使APEC地区的互联网接入量增长3倍；再过5年，APEC成员体的城乡居民能够通过多种渠道获得互联网信息及相关服务，包括个人途径和社区途径等。《新经济行动议程》的制定是为了完善政策环境的建立，同时也是为了增强自身能力建设，开展APEC的商业、政府间、经济以及其他领域的最广泛的合作，以实现如下目标：第一，加强建设市场结构体制，让新兴贸易投资方式得以在新环境中蓬勃发展；第二，是对基础设施投资，改善技术环境，使政策环境更加有利；第三，是提倡创新并且提升企业家们的能力，运用综合、高质量的教育培训或者技能发展项目提升人员能力，拓展他们的知识水平。《数字APEC战略》的宗旨是通过运用先进的信息和通信技术，达到互联网的全面介入，使失业率得以降低，改善公众的公共服务质量，提高公众的生活水平，最终实现在亚太地区创建数字化社会的目标。在数字经济推广时，不是要求所有APEC地区以相同速度同时发展数字经济，实际上这也是不可能实现的，因此可以采用"摸着石头过河"的方式，由一些APEC成员体先发展数字经济相关领域，不断积累经验和教训，之后其他成员体借鉴，从而推动整个APEC地区数字经济合作的发展。这种做法就有很大的现实意义，通过召开和数字经济相关的会议以及设定一些目标，采取具体措施来实现，可以不断加深APEC地区的互联网和数字经济的合作。

三、总体框架建设阶段

随着增长战略在2010年APEC《亚太经合组织领导人增长战略》中被列为议题之一，同时还提出了平衡增长、可持续增长、包容性增长、创新增长等当前经济增长的特征，标志着数字经济的发展进入总体框架建设阶段。在当前数字经济和互联网迅猛发展的背景下，APEC制定了创新增长的目标，建立了有利于创新以及新兴的经济部门发展的外部经济环境，从而促进数字经济繁荣、快速发展。该发展理念的提出，确立了数字经济发展在《亚太经合组织领导人增长战略》中的稳固地位，也意味着数字经济合作的层次明显提高。

四、具体实施阶段

在具体实施阶段，2010年以来，APEC先后通过了一系列的计划安排，例如《APEC促进互联网经济合作倡议》《APEC数字时代人力资源开发框架》《APEC互联网和数字经济路线图》和《APEC跨境电子商务便利化框架》等，其中还明确提出了APEC数字经济合作的主要领域和实施的相关行动。数字经济合作的主要领域包括数据和隐私保护、数字经济相关法律的框架、电子商务以及数字贸易、人力资源开发、创业以及创新、中小微企业发展以及互联网金融等。

随着APEC各成员体之间的合作日益密切，不断加深，APEC就互联网和数字经济的发展框架、合作机制、发展目标、行动计划等都已经逐步完善和明确，未来合作领域还会不断拓宽。

第三节　APEC数字经济的合作现状

一、议题不断拓展

APEC的一系列行动计划明确了亚太地区成员体开展数字经济合作的主要原则和优先发展领域，这些行动计划包括《APEC电子商务行动蓝图》《新经济行动议程》和《数字APEC战略》等。APEC各成员体形成了初步的合作共识，也对行动目标进行了统一。但是因为同时期的信息技术发展水平及应用水平都受到限制，当时的数字经济合作范围只限于电子商务领域内，涉及的面很小。这个情况跟同时期亚太地区正处在数字经济发展的初级阶段现实是相符合。

受到互联网及数字经济的不断渗透，根据亚太地区经济形势的变化情况，APEC对经济领域的合作领域不断进行开拓创新。APEC通过《APEC隐私框架》《APEC促进互联网经济合作倡议》等安排下，制定出具体合作措施、确定重点合作领域。从议题的演化趋势来看，以传统数字基础设施建设、电子商务等经济领域为切入点，逐步向高层次领域，例如，网络安全、隐私保护、标准和规则制定等开展合作，在数字经济领域的合作得到不断深化和逐步拓展（表3-1）。

表3-1　1998—2019年APEC框架下的数字经济合作行动

年份	行动
1998	《APEC电子商务行动蓝图》
1999	成立"电子商务指导小组（ECSG）"
2000	《新经济行动议程》；设立"文莱目标"，要求发达成员体在2005年前、发展中成员体在2010年前实现无纸化贸易
2001	《数字APEC战略》
2002	《关于实施APEC贸易和数字经济政策的声明》以"探路者方式"开展数字经济合作
2004	《APEC隐私框架》
2007	《数据隐私探路者计划》"跨境隐私规则体系（CBPR）"
2008	《APEC数字繁荣清单》、发布《曼谷宣言》，承诺2015年将在亚太地区实现普遍宽带接入
2010	《APEC跨境隐私执行安排》、发布《冲绳宣言》，设立了2020年实现下一代高速宽带普遍接入的目标
2014	《APEC促进互联网经济合作倡议》《APEC跨境电子商务创新与发展倡议》
2015	成立"互联网经济临时指导小组（AHSGIE）"
2017	《APEC互联网和数字经济路线图》《APEC跨境电子商务便利化框架》《APEC数字时代人力资源开发框架》
2018	《APEC数字经济行动计划》、成立"数字经济指导小组（DESG）"、成立"数字创新工作组（DIWG）"
2019	将数字经济作为即将召开的APEC会议的重点议题

注：史佳颖，2020. APEC数字经济合作的最新进展及展望［J］. 国际经济合作（1）：37-44. 统计截至2019年9月。

二、合作项目不断增加

在数字经济合作重要性方面，APEC成员体已达成共识，在此基础上合作的项目数量也呈现不断增加的态势。从2016—2018年9月，各成员体推动的数字经济合作项目共有133项，其中105项已经完成，还有28项正在进行中（表3-2）。

引人关注的是，2017年各成员体推动的数字经济项目达到历史顶峰，有24项之多。主要原因是：一方面是推动互联网和数字经济的发展符合成员体在新的经济增长点方面的需求，在宏观经济改革方面也与其达成一致；另一方面是自 2016 年开始，APEC 制订了一系列行动计划，这些计划推动了内部的合作，包括《APEC 数字时代人力资源开发框架》《APEC 互联网和数字经济路线图》和《APEC 跨境电子商务便利化框架》等，取得了很好的成效。除此之外，二十国集团、经济合作与发展组织、欧盟以及"一带一路"沿线国家和地区也从外部环境上推动了数字经济的合作，也促进了 APEC 的内部合作，大幅增强了成员体参与数字经济合作的意识。

表 3-2　2006—2018 年 APEC 成员体主持数字经济合作项目数量及涉及领域

	APEC 成员体	涉及领域及项目数								合计
		数据隐私	标准和规则制定	人力资源开发	数字基础设施	网络安全	数字化转型	中小微企业发展	电子商务	
发达成员体	美国	5	3	3	2	2	2	2	1	20
	澳大利亚	3	3			1	1	1		9
	韩国			1				1	4	6
	新加坡		2		3				1	6
	日本		1	1	2		1			5
	加拿大	1	1						1	3
	新西兰	1								1
	中国香港						1			1
发展中成员体	中国				6		9	4	10	29
	越南	2		3	1		1	3	3	13
	俄罗斯			1	2		3		5	11
	秘鲁	1			2		1		3	9
	墨西哥				2		1	1		4
	马来西亚					1	2			3
	菲律宾			1	1		1			3
	泰国				1				2	3
	印度尼西亚					1	1			2
	巴布亚新几内亚					1	1			2
	中国台北	1		1						2
	智利						1			1
	文莱									0

注：史佳颖，2018. APEC 数字经济合作：成效与评价［J］. 国际经济合作（10）：26-30. 统计截至 2018 年 9 月。

三、成员体普遍参与

一方面是 APEC 成员体间在数字经济方面的合作度和参与积极性都有所提升。到 2016 年底，只有文莱、中国香港和中国台北以及巴布亚新几内亚 4 个成员体还没有主持过任何与数字经济合作有关的项目。2017 年以后成员体对项目的参与热情不断升温，2018 年巴布亚新几内亚主持了两项关于电子政务和互联网基础设施建设方面的自筹资金合作项目；中国香港和中国台北也在 2017 年分别主持一项数字化转型项目以及两项数据隐私以及人力资源开发方面的项目。这 3 个 APEC 成员体都打破了之前无主持项目的记录，目前 APEC 成员体只有文莱还未主持任何有关数字经济合作的项目，其他成员体均有参与。另一方面是发展中成员体在数字经济合作中发挥了积极的行动作用。中国、俄罗斯、秘鲁以及越南等发展中成员体积极参与 APEC 框架下的数字经济合作。2006—2018 年，中国成为 APEC 中主持项目数量最多的成员体，比所有发达成员体项目数量都多，达 29 项；俄罗斯和越南仅次于中国和美国，分别主持合作项目 13 项、11 项。除此之外，中国、俄罗斯等 4 个发展中成员体主持的项目涵盖的领域较为广泛，既有发展中成员体都关心的传统数字经济合作领域，例如，信息与通信技术应用、互联网基础设施建设以及电子商务等类型的项目，又有发展中成员体和发达成员体都特别关注的网络安全和跨境隐私规则等领域的项目。

四、合作领域更加广泛

在 2006—2018 年间，APEC 共计开展数字经济合作项目 133 项，主要涉及 8 个领域，分别为数字化转型、数字基础设施及相关能力建设、中小微企业发展、电子商务、人力资源开发、标准和规则制定、数据隐私以及网络安全等，其中重点合作领域为电子商务和数字基础设施建设。关于电子商务的合作行动最早展开，由于这是以往经常提及的议题，因此该领域的合作项目所占比例最高，数量达 30 个，占比为 22.6%。另外，有关互联网基础设施建设方面的内容也逐渐被各成员体重视，该领域的合作也越来越多，项目数量逐渐上涨，达 26 个，占比为 19.5%。

APEC 成员体对于一些层次较高的合作与交流（例如数据隐私等）越来越重视。由于受到互联网和数字经济的广泛渗透以及实践的不断深入，APEC 在数字经济领域的合作项目已经从传统的基础设施建设及电子商务等领域，慢慢向隐私保护等领域拓展延伸。2006—2018年，亚太经合组织在网络安全方面的项目达29项之多，约占到总项目量的21.8%；在关注度上，发达成员体要高出发展中成员体许多，关于数据隐私的项目总共14项，其中有10项都是发达成员体主持的；9个项目是标准和规则制定方面的，全部是发达成员体主持；一些发展中成员体（如秘鲁和越南等）也开始积极投入到数字经济等领域的合作中来，对数据隐私等议题也较为关注，秘鲁和越南已经主持了3项数据隐私方面的项目。

五、项目形式和资金来源逐渐多样化

数字经济合作的项目通常有很多合作方式：一是信息分享类型，可以通过举办各种类型的研讨班、圆桌会议进行多方的对话，开展研究网站的建设以及数据库的设计，研究报告以公开方式发布，并且广泛征求意见；二是信息收集类型，以问卷调查等形式开展研究，进行访谈问话并撰写报告；三是以培训的形式开展合作，具体形式包括培训项目和课程等，此外，也包括一些相关领域的技术咨询等。

就资金来源而言，以上数字经济相关的合作项目都是受到亚太经合组织的支持，也有少部分以自筹的方式获得。亚太经合组织的资金来源大部分来自相关支持资金以及贸易投资自由化便利化特别账户。实际操作时，大多数项目主要是以全额自筹的方式、APEC全额资助的方式或是两种方式相结合的方式进行资助。

六、数字鸿沟逐渐缩小

开展多层次互联网及数字经济合作的一个重要的基础就是基础设施的建设、固定宽带用户数以及网络安全等相关服务器数量的快速增长。从文莱会议开始，APEC就对缩小数字鸿沟较为重视，通过数字技术的手段提升包容性，而且还特别对亚太地区数字基础设施建设制定了有针对性的一系列发展目标。在APEC地区成员体不断努力下，以硬件领域为代表的基础设施相关建设都取得了很好的成效。到目前为止，之前制定的"文莱目标"，即APEC成员互联网接入量翻双倍以及到2010年实现互联网普及化的目标均已完成，亚太地区的互联网用户和宽带用户数量都有大幅提升。

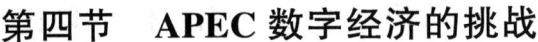

第四节 APEC 数字经济的挑战

正如数字经济提供了众多机遇一样,它也给决策者、企业和个人带来了巨大挑战。需要指出的是,虽然有些问题的解决办法可能是明确的,并得到利益攸关方的广泛支持,但在其他问题上仍然存在较大分歧,潜在的解决办法可能涉及不同利益攸关方利益的权衡。在许多情况下,需要考虑到不同的观点,并就涉及企业、当地社区和其他方面的数字经济法规和政策倡议与利益相关者进行广泛协商。

一、数据隐私和安全

虽然数据推动了创新,提供了更多的机会,但仍有担心,企业和经济对数据的依赖度不断提高,可能会导致数据泄露、得不到保护的问题,对经济和消费者的信任造成潜在的巨大损害。战略与国际研究中心(Center for Strategic and International Studies,CSIS)估计,每年网络犯罪造成的损失接近6 000亿美元。各成员体政府面临着改善数据隐私和保护以及推进其他公共政策目标的压力,例如,改善网络安全基础设施,确保公民从数字经济中受益。许多成员体已经或正在颁布有关数据收集、储存、处理和传输的新条例。

虽然隐私是一项合法的公共政策目标,但重要的是避免给企业和政府带来不必要的负担。例如,尽管使用欧盟居民数据的公司已经受到欧盟严格的一般数据保护条例(General data protection regulations,GDPR)的制约,但其他成员体可能会在不考虑与 GDPR 和其他隐私制度相违背的情况下,建立自己的数据保护制度。

因此,至关重要的是 APEC 各成员体在处理与数据有关的问题时找到适当的平衡点(即在支持合法公共政策目标的同时,对企业获取和使用数据的影响最小化),例如,各成员体可能希望对与数据相关的法规采取分层的做法,在某些部门中,较轻的法规与有效的执行相辅相成。世界公认的最严格的隐私保护制度之一,也就是2011年9月底韩国颁布的《个人信息保护法》,虽然没有包括本地化的要求(金融和医疗等特定类型数据除外),但是由于该法的执行机制涵盖民事、行政以及刑事制裁等多方面,所以得到广泛认可。APEC 成员体也能参与 APEC 推动的各种倡议,例如亚太经合组织跨境隐私规则（Cross-Border Privacy Rules，CBPR）和处理器隐私识别（Privacy Recognition for Processors，PRP）系统。各成员体也可以通过参考2015年更新的亚太经合组织隐私框架增强互操作性，这个框架给政府和企业提供了强有力的保护措施及相应的操作指南。

二、保护知识产权和数据共享

数字经济使知识产权的保护更具针对性和挑战性。随着几乎所有使用互联网的公众都可以使用分销渠道，在互联网上进行欺诈和非法分销受版权保护的材料副本变得更加容易。与此同时，监管者更难评估哪些交易或渠道是合法的，哪些涉及知识产权剽窃。

尽管更好地保护知识产权非常必要，但对企业来说，分享和合作仍然很重要，因为这可能引导更快的创新突破，避免重复工作，例如，人脑项目、30个开源药物发现和未来地球探索，这些领域的携手合作非常重要。数据共享还具有超越科学研究和相关应用的价值。然而，由于反竞争行为以及数据格式和标准缺乏互操作性等各种原因，这种实践并不普及。经合组织发现：虽然数字化和技术在经济中发挥着更大的作用，但生产力的提高大都被所谓的"前沿企业"所捕获，这些企业的劳动生产率在每个行业都处于前5%的水平。换言之，前沿企业的生产率增长高于同一行业的其他企业。因此，政策制定者必须维持促进创新的知识产权制度，同时使中小企业和新进入者能够参与竞争。

与其他大众传媒单向流动特点不同的是，互联网和数字技术实现了个人既可以是消费者，又可以是内容的创造者的愿望。实际上许多艺术家和音乐家以及社会影响者都是通过互联网大获成功。另外，恐怖主义以及造谣等不端行为也有了更为便捷的渠道。

三、多维数字鸿沟

普及可靠的、能够偿付的信息和通信技术是参与数字经济的关键。虽然现在有更多的公众可以使用互联网，包括手机在内的相关技术，但也确实有48.8%的世界人口和39.9%的亚太经合组织人口无法使用互联网。此外，尽管交易越来越数字化，但仍有相当一部分产品尚未数字化交付。事实上，数字经济的一个关键成功点是跨境运输的小包裹和包裹数量显著增加；这意味着，即使信息和通信技术至关重要，获得可靠和有弹性的基础设施如道路和能源，也举足轻重。公路、港口和机场是贸易和人口流动的门户，而能源基础设施对生产意义非凡。尽管基础设施在改善数字和实体世界的连通性方面很重要，但APEC成员体在这些方面的投资往往不足。《2018年亚太经合组织结构改革和基础设施经济政策报告》指出，APEC成员体面临重大的基础设施融资缺口，一项研究表明：从2020—2025年，亚太经合组织各成员体每年需要共同支出2万亿美元；到2030—2035年，这一数字将增至每年近2.5万亿美元。预计2010—2035年，该地区的总体区域基础设施需求将增长近92%。无法应对这一大规模基础设施融资挑战的成员体在经济增长潜力方面可能落后于有实力的成员体。

数字鸿沟不仅存在于成员体之间，而且也存在于成员体内部。与农村居民相比，生活在城市的公众通常更容易获得基础设施。低水平的人口密度和经济活动使得建设一些基础设施不是很划算。各个行业的数字化程度也各不相同，例如，麦肯锡全球研究所发现，尽管美国是世界上数字化程度最高的成员体之一，但其数字潜力仅占18%左右。农业、狩猎、采矿和建筑等行业与信息通信技术、专业服务业相比，数字化率都较低。除此之外，随着时间的推移，那些前端行业以及企业在采用数字化技术等方面的差距也在逐步扩大。造成这种差距扩大化的主要原因可能是获取数据渠道的匮乏、资源的有限性以及未及时跟上新技术的潮流。尤其是新技术方面，越是可以及时接受新技术的公司，越能通过新技术方面的创新受益良多。而那些数字化程度较低的行业，平均利润率是数字化程度高的行业一半甚至1/3。

可以说，网络中立也是一个与数字鸿沟有关的问题。其基本原则是互联网服务商应平等对待所有互联网通信，不得根据用户、内容、网站、平台、应用、设备类型或通信方法进行歧视性对待或收取其费用。虽然网络中立的支持者表示，它通过促进信息交换和保持数据传输的标准化可以促进竞争和创新，反对者则认为，这最终会损害电信运营商投资和改善现有基础设施的动机，从而损害竞争。

四、就业硬币的正反面

数字经济的到来带来了新的就业机会，包括数据科学家、应用程序开发人员、道德黑客、增强现实（Augmented Reality，AR）创造者和无人驾驶飞机专家。事实上，世界经济论坛（World Economic Forum，WEF）预测，目前就读小学的儿童中未来将有65%最终在目前不存在的工作岗位上工作。由于这些工作需要新的技能，决策者必须确保个人具备适当的技能，同时推动创造更多的数字经济工作。在这方面，可能需要盘点目前的教育课程，以确保它们在迅速增长和变化的经济活动中仍然具有相关性。数字经济技能的缺乏可能会限制企业的发展壮大和工人的职业发展。虽然很难做出未来的预测，但决策者应设法确保提供的技能与新兴部门和工作类别相关，这样可以避免潜在的技能不匹配状况。鉴于技术和商业创新的速度，持续的技能短缺和不匹配可能对经济增长潜力产生负面影响。

确保新生劳动力具备必要的技能，是一种挑战；另外的一项挑战是要保证在技术发展过程中，就业工人的工作内容保持相关性。APEC发现其成员体中约有14%的工作可以实现高度自动化，约有32%的工作将来要被不断进步的技术所取代，这就要求技术工人持续提升个人竞争力，制订终身学习计划。对于被自动化取代工作的失业者而言，除了要重新掌握技能之外，政府也要制订相应的措施，帮助这些受雇人使其更快地适应变化的环境并寻找更合适的工作。

五、数字经济合作可能面临的挑战

在数字经济合作中，发展中成员体与发达成员体合作的侧重点有所不同，现实发展水平及阶段也决定着发达成员体与发展中成员体合作目的的迥异。对于发达成员体而言，主要是想借助数字经济合作抢占技术标准制定和推广的先机，借助数据隐私项目保护自身利益并拓宽海外市场，最终的目的还是为提升自己的影响力和国际地位。因此，一些发达成员体经常设立一些优先发展领域，例如，数据隐私保护、规则制定、网络安全等；但是，对发展中成员体来说，更希望借助合作的平台建立和完善本地区的数字基础建设，通过新的经济增长点实现国内产业的转型和升级，寻求更多参与亚太及世界经济发展的机遇。所以大多数发展中成员体与发达成员体关注的领域天差地别，发展中成员体更关注传统的经济合作领域，例如，数字基础设施、电子商务等。APEC在2006—2018年共开展了30个相关项目，其中发展中成员体主持的项目达77%。在侧重领域及关注点上的差异会成为成员体之间开展深层次数字经济合作的主要障碍。因为侧重领域的差异，发达成员体很可能不会坐等发展中成员体缓慢发展，而通过经济合作与发展组织及二十国集团等其他国际平台进行深度数字经济方面的国际合作。这对 APEC 内部的数字经济会造成一定冲击，使成员体减少数字经济议题的关注度，进而加大 APEC 内部集体行动推行的难度。

当前，APEC 数字经济合作的形式单一，主要是对信息的收集和分享。2006—2018 年间的数字经济合作项目大多是以研讨会或问卷调查等初级形式开展的。近年来，亚太经合组织的主要项目类别集中在数字基础设施和电子商务等领域，其他行业包含具体应用或有实际应用的项目较少。数字经济大部分项目还是处于浅层合作方面，局限于对数字经济的内涵、影响等方面，或是借助数字经济实现 APEC 包容性和增长战略领域，这也是当前 APEC 数字经济合作主要以研讨会、调研等方式开展的现状。

六、衡量数字经济的挑战

为了规划和做出更明智的决定，决策者需要一个明确、周密的衡量体系，由可靠的统计数据支持，并定期更新跨部门和成员体的可对比数据。实现这一目标将需要在数据收集、分析统计机构之间的合作以及就区域和全球一级的共同标准和做法达成协议等方面保持一致。衡量数字经济必须克服在数字经济的定义和范围上的根本分歧，以及严重的技术挑战。即使在短期内实现可比性不可行，成员体也可以通过提供它们所获取的统计数据以及如何得到这些数据的细节，帮助它们克服这些挑战。

之所以对数字经济的定义缺乏共识，对衡量数字经济的发展状况标准提出了严峻挑战，是因为成员体提出了一些重要问题，且难以回答：数字经济是否应狭义地界定为那些由在线平台（如在线购买和在线电影流媒体）推动的活动？还是应该广义地定义为将数据和互联网纳入其生产过程的所有部门？"数字部门"这个概念经常被提及，但它确切的含义是什么，它是否等同于数字经济？"数字部门"与信息通信技术部门有什么关系？"数字部门"与电子商务有什么关系，电子商务仅是数字经济的一个方面？

除去定义，还有一系列挑战更多地涉及衡量数字经济本身的技术细节，其中一些挑战涉及现有问题，包括对现行衡量服务方面的挑战等；而另外一些问题涉及的领域较新，例如，衡量某些与数字化有关的活动。尽管准确衡量数字和流量很重要，但数字监测转型同样重要，因为它使决策者能够更好地了解数字化正在如何改变经济和整个社会，并制定适当的政策应对措施。在这方面，差距和挑战依然存在，尽管一些成员体和各种组织已经做出了一段时间的努力，收集和分析指标，监测数字转型，但未来的路还很远很长。

最后，数字经济的到来带来了新的商业模式，这些商业模式从根本上改变了商业运作方式以及交易的产品和服务。在这种环境下，能够监控对数字经济有影响的政策和法规非常重要。与衡量的技术性相关的各种挑战使建立一个可行的体系框架过程更加复杂：国内生产总值等现有措施的适用性分析；由于各种原因（包括数据隐私和安全）在组织间共享数据的障碍。这些挑战在未来仍将是需要解决的困扰问题。

第五节　APEC 数字经济的机遇

目前在数字经济具体的定义上虽然缺乏共识，但不应妨碍亚太经合组织推进数字经济的工作，数字经济现已成为 APEC 地区更广泛意义经济的重要组成部分。目前接入互联网和数字经济的门户正在迅速增长，APEC 的互联网用户数量在 1990—2017 年显著增加（从约 220 万户到 17 亿户）。2017 年，亚太经合组织 60.1% 的人口拥有互联网接入，而 1990 年仅为 0.1%。相比之下，2017 年全球拥有互联网接入的人口比例相对较低（48.6%）。2017 年，亚太经合组织平均 67% 的城市人口和 61% 的农村人口有能力支付或接收数字支付，这是电子商务和中小企业国际化的关键推动因素。互联网的日益普及和数字支付服务的采用，只是 APEC 地区数字革命日益影响的两个典型案例。

一、新的商业模式

数字技术和工具使开发许多破坏传统做法的新商业模式成为可能，一般来说有三种模型。第一个模型是基于现有产品或服务的替代，通过数字化实现。直到目前，书籍、杂志和地图还只是实物形式。然而，数字化交付的能力意味着出版商在技术上不再需要打印和物理拷贝，从而节省了与打印和存储等相关的成本；作为回报，这个过程能够以物理拷贝成本的一小部分向读者销售书或者数字产品，从而潜在地增加需求。事实上，无论是实物的还是数字的，地图等一些产品已不再以小册子的形式流通。消费者现在使用百度地图和 Waze 等数字工具的应用程序可以定期更新（有时实时更新）地寻找方向。

电影、音乐和软件也是如此，虽然它们以前存储在磁带、CD和DVD等物理介质中，但现在公司可以通过数字方式交付，从而使许多物理存储设备过时。Anime Lab、Netflix、Line Music和Spotify等新公司为用户提供了无需购买所有权即可访问许可内容的服务。应用这些新模式，客户可以访问特定的歌曲或游戏，而无需购买。在软件方面，客户可以根据需要获得定期更新和远程维护服务。

第二种模式涉及数字服务，它可以绕过传统渠道，为最终用户降低成本。例如，尽管资金转移过去属于传统金融机构的职权范围，但由于管理费用较低，许多金融技术公司以很小的成本提供此类服务。这包括为大众提供融资服务的公司，为借款人提供银行融资的替代品，如Kickstarter和Rocket Hub。同样，公众现在可以直接购买保险和机票，而不是通过保险代理和旅行社。FWD和Direct Asia是直接保险提供商的例子，而许多航空公司现在允许旅客直接从Expedia或Traveloka等平台购买定制机票。

应用云计算等新技术的公司代表了第三种新的数字化商业模式。企业不必购买和维护自己的服务器（这可能代价高昂），而是可以订阅阿里巴巴云、谷歌云、亚马逊网络服务和微软Azure等公司提供的云服务。除了降低固定成本之外，该模型还具有为企业提供了根据他们的需求调整其订阅的灵活性。它们还可以受益于针对黑客和网络攻击提供保护的功能，以及主要云服务商提供的企业解决方案，包括数据库管理、数据分析、Web托管和各种人力资源应用程序。虽然这些服务中部分对以前的小微企业是禁止的，但在这种模式下，它们已经可以以合理的成本获取。

APEC主要有以下集中新商业模式。首先是Anime Lab（商品和服务替代商业模式），这是澳大利亚和新西兰于2014年推行的一种视频点播服务，类似于Netflix和Spotify，这种商业模式以流媒体的方式给客户提供多种媒体内容的访问。这种模式不需要客户购买视频产品的CD、DVD以及数字文件等形式的个人副本所有权，而是在客户能访问互联网的前提下，允许客户在自己方便的情况下传输视频媒体。虽然这种商业模式缺乏一些竞争对手，可以提供离线观看等功能，但是也可以通过其他的表现方式显得与众不同——它与日本制作公司合作，提供了诸如首映式的同步广播以及独家内容等形式；另外，此种商业模式还提供差异化的订阅方式，达到收入来源多样化的目的：对于免费的用户，他们可以访问一些图片和音频质量稍差的视频产品，并且可以观看商业性的广告，对于高级用户，可以观看高清质量的视频产品，并且可以免播广告。到 2018 年底，这种商业模式已有 100 多万的用户，并且海外需求也不断增长。第二种是 TNG 钱包（打破传统平台商业模式），传统的汇款模式要求客户要在注册的代理机构填写许多表格资料，在支付大量费用之后才能处理汇款。虽然汇款一般存入银行，但是对于一些发展中的成员体来说，这种银行服务的机会毕竟有限，转移的资金就需要在注册经纪人处收取，而这种转移过程会收取高昂的服务费。TNG 钱包于 2015 年在中国香港启动，是一个金融科技公司，这个公司的目标是以一定的技术手段简化汇款流程中因资金转移所涉及的中介机构数量。这种商业模式的汇款服务涉及中国、中国香港以及菲律宾、越南等 16 个成员体，包括 1 000 多家银行金融机构。TNG 钱包的用户可以通过应用程序，用有竞争力、实时的价格购买 16 种外币，最短的汇款交易时间可以缩短至 15 分钟。此外用户们还能在服务涉及的成员体中随机选取领取现金的网点；除这项汇款服务之外，这种模式还提供如电子支付、全球现金提取和结算等财富管理金融服务。第三种是 Google Stadia（数字化业务商业模式）。2018 年 10 月这种商业模式第一次进行测试，这是一种云游戏服务，当时计划于翌年 11 月推出。伴随着计算能力的提升，游戏的开发人员也在提升创建更具视觉吸引力和更强游戏真实感的能力。这些游戏的运行也需要更加强大的机器，因此，索尼、微软和任天堂等娱乐公司在过去 30 年时间里开发出许多功能强大的游戏机。消费者们购买游戏机产品，购买后用专有磁盘或者数字格式存储游戏，进行产品体验，Google Stadia 正在挑战这一模式。和传统的流媒体服务不同的是，这种模式没有提供订阅视频游戏，相反，该模式提供了云计算服务的订阅，这就意味着订阅者可以通过云计算机的计算能力，运用于云游戏控制台。这种商业服务模式的用户依然要通过购买个人游戏的方式支持游戏开发商，但由于游戏固定成本大幅降低，所以用户就可以以同样的价钱购买更多的游戏，这样就使得进入视频游戏的市场更加容易。虽然这种商业模式仍在开发中，但是很可能会给游戏行业带来翻天覆地的变化。

二、以更低的成本提供更广泛的机会

除了创造全新的商业和产业，数字技术和工具也给传统的公司和个人带来了好处，例如，电子商务为各种规模的公司提供了一个销售其产品的额外渠道。易贝公共政策实验室的一项研究发现，在选定的APEC成员体中，几乎所有易贝注册的在线卖家都能够在全球范围内出口，相比之下，使用离线渠道的中小微企业所占比例相对较小。

共享经济平台给企业和个人都创造了许多新机会。例如，Grab Food 和 Delivero 等食品配送平台允许餐厅和食品摊位应配送食品的额外渠道，并不需要对配送服务投资过多。共享经济的热潮也创造出许多更加灵活的工作岗位，这些岗位可以满足一些对于工作和其他职责必须进行平衡的人。最重要的是一些共享经济平台给个人提供最低成本的搜索门户网站，达到快速求职的目的。

此外，数字技术和工具为新的企业进入市场提供了较低的固定成本和接近于零的边际成本。最简单的例子就是一些开源程序可以以较低的资本为企业提供数字服务。通常，所需要的只是一台个人电脑和一个互联网连接，以便从数字经济的商业机会中获益，例如，Libre Office 免费提供一套办公应用程序，而标准套房的订阅率每年高达100美元；Gmail 和雅虎邮件提供了免费的沟通平台；Skype 和 Viber 支持电话会议。Facebook、Twitter、Baidu 和 Vk.com 为创业者提供免费的虚拟宣传页面，Carousell、Mercado Libre 和 Wix.com 则使数字创业者能够为他们的创业企业创建自己的列表和网站。此外，云计算允许资源有限的公司和个人使用在线服务存储和处理数据，例如，IBM 推出了一个用于商业用途的集成量子计算系统，该服务的订户能够应用量子计算机的计算能力，使数据处理速度比普通计算机快得多。这些服务可以大幅降低希望采用数据分析来帮助改善业务的公司进入市场的壁垒。

另外，数字技术和工具有助于完成日常任务。例如，实时库存跟踪为企业提供了更完整的当前供应和库存情况。电子发票工具使企业能够比手写发票更快地开具发票，其中一些工具还可以直接链接到政府门户网站，用于征税和其他目的。监管技术工具使公司（特别是金融业的公司）能够通过自动提交定期业务活动报告或一旦违反预先编程的保障措施和规则就标记潜在问题等方式，确保遵守政府法规。

最后，政府机构越来越多地应用数字技术和工具改善公共服务。例如，电子政务门户网站可以为申请许可证和其他文件、税务申报和采购活动提供便利。此外，数字技术和工具可用于提供教育和卫生等关键服务。政府可以进一步利用监管技术工具来改善其监管。其他潜在用途包括实施电子或者数字身份识别以向特定群体提供更有针对性的支持，开展利益相关者协商并加强信息传播。

三、数据、企业和社会

数据对数字经济至关重要，一些分析师甚至将数据称为新经济的"石油"或"燃料"。信息和通信技术的进步降低了许多成员体宽带订阅的价格以及大规模收集和使用数据的成本。其他正在被广泛采用的技术和工具包括云服务、物联网和人工智能。目前企业有了更好的连通性，可以使用新的方法处理数据，并从数据中获得信息，这将成为企业竞争力的另一个决定因素。

第一，数据分析允许企业根据客户的需求和偏好定位服务。以音乐流媒体平台 Spotify 为例，该公司可以通过分析个人喜好（包括经常播放的专辑、歌手和音乐类型）创建定制内容（如播放列表），从而提高客户满意度，满意的客户可能会更新对 Spotify 的订阅，并将其推荐给朋友，从而提高该平台的整体价值。其他业务和服务，如社交媒体网络、电子邮件提供商和多领域市场（如电子商务平台）运营的业务，也可以类似地应用数据分析改进产品和服务。据估计，2017—2022 年，网络设备数量将增加约 105 亿台，同期人均网络设备数量将从 2.4 台增加到 3.6 台。随着更多的人和设备连接到互联网，数据对企业的重要性将大幅增加，因为数据的价值随着其数量增长而呈指数级增长。

第二，数据分析可以改善全球价值链的运作。由于不同的原因，可能需要在内部（例如研发中心、生产设施和总部）以及外部（与供应商、物流供应商和客户等各方）交换各种类型的数据，例如，相关数据允许业务总部跨部门规划和协调生产。技术和生产数据使不同地点的小组能够提供远程技术援助和指导。对机器进行实时监控，使企业能够安排预测性质的维护，并将停机时间降至最低。

第三，数据分析的应用可以提高包括零售业、农业和建筑业在内的各个经济部门的生产效率。例如，新技术与更密集的数据使用相结合，可以提高农业的可持续生产力，通过改进可追溯性和便利化措施加强农产品贸易，能够设计和执行更好的农业政策。在建筑业领域，实时更新现场调查、事件监测和库存追踪，可以通过提高效率和现场工作流程以及工人安全以减少施工时间。虽然在衡量数字经济方面仍然存在一定的短板，但是越来越多的研究显示：数据的使用强度与经济增长之间存在着正相关的关系。例如，麦肯锡全球研究所发现：全球数据流量使世界 GDP 至少增长了 10%，2014 年等同于 7.8 万亿美元，数据流量对于世界 GDP 的贡献仅次于商品。实际上，如果考虑到跨境数据流动的影响，包括货物在内的其他类型的流动，数据流动不论是在直接贡献上还是在间接贡献中，对世界 GDP 的贡献可能会更高。

第四，数据分析和物联网通过使家居用品更具互动性而影响日常生活。物联网的引入带来了诸多好处，例如，智能冰箱可以在某些日用消费品有空缺后通知户主，户主可以根据情况进行食品补充。当公众在智能照明系统附近时，该系统可以通过调节亮度水平提高能源效率。物联网等技术给公众提供了更多了解自己的途径，例如，一些智能手表内部设置计步器、运用 GPS 跟踪器以及对心跳进行监视的组件等。通过互联网跟手机或者电脑连接，可以穿戴的设备能够对个人健康或者习惯数据进行实时更新。类似的设备也能用于一些需要进行全天候护理或者监督的个人，例如，病人和老人，在必要时，可以通过设备进行实时监控。

第五，数据分析可以用来改善基础设施或是提升公共服务。交通方面，通过对道路上车辆情况进行实时更新，可以为数字地图对交通密度的评估提供相应信息；导航应用程序为驾驶员提供实时更新的交通信息，提前告知驾驶员可能存在的拥堵状况，并且提供备用路线；装有动态响应交通实时状态程序的一些智能型交通灯，能够跟其他交通灯相互连通，通过改变灯光计时的方式改善交通状况。对于公共交通而言，供应商通过移动应用程序，创建实时更新的动态公交路线及其时间表，以便于更好地满足通勤者的需求。虽然这些都是相对独立、不涉及其他领域的协同效应的例子，但是有些成员体已经开始考虑通过试点等方式，达到改善公共服务的目的，这需要运用更加全面的技术，例如，基于物联网的"智能城市"项目。新加坡正在开发的智能小镇，将会运用多种技术服务居民；当地政府会通过传感器对行人和车辆的交通数据进行收集，这些区域大多是行人流量较大的公共区域，政府会建设一些社区网络空间或是便利设施，传感器也能应用到智能照明中，可以根据人流量的多少对照明亮度进行自动调整；新加坡还部署传感器对房地产服务的关键性能进行分析，例如，废弃物收集和照明泵使用等方面，方便日后可预测的维护。即便这些举措取得了一些进展，然而仍然存在许多实际性的问题，例如，涉及隐私以及公共空间潜在商品化的问题，这些都需要得到很好的解决。

四、独特的运行方式和组织结构

为了提高组织在机制方面的运行效率,亚太经合组织采用了"探路者方式"的措施。APEC各成员体在经济发展程度、社会制度和社会文化等领域都具有很大的差异性,因此,在各自利益诉求的时候所站的立场也不同,提出的观点也迥异,这就会导致同一个政策在不同成员体中的执行力不同。APEC为了提高运行效率,采用了极具创新意味的"探路者方式"进行合作,也就是允许或者鼓励部分成员体采取符合本地区情况的行动或措施以促进交流合作和多边贸易,待有了一些成功的经验可以参考时,再来推广这种方法。

截至2019年9月,亚太经合组织已经实施的"探路者行动计划"达15项,其中有关数字经济的就有6项,包含了数字贸易、隐私治理和保护、一些规则或者政策的制定等领域(表3-3)。例如,澳大利亚提出的"数据隐私探路者行动计划"(2007—2012年),这是目前最有效的措施。由于该计划的影响,亚太经合组织将"APEC隐私探路者"作为运行的机制,同时还建立了"跨境隐私规则体系",这些标志着APEC地区隐私保护方面取得重大进展,具有里程碑意义。此后,"APEC隐私探路者"也开始由摸索阶段向推广阶段过渡。

表3-3 1998—2019年APEC数字经济"探路者行动计划"

探索者行动计划	领导成员体	发起时间(年)	成员体数(个)	状态
电器及电子设备相容性评估相互认证安排	马来西亚、新西兰	1999	18	进行中
贸易与数字经济	美国	2002	20	进行中
电子原产地认证	新加坡	2002	3	终止
数据隐私	澳大利亚、加拿大、美国	2007	16	完成
产地自认证	澳大利亚、新西兰、新加坡、美国	2009	11	进行中
电子传输暂停征收永久性关税	美国	2011	11	进行中

注:史佳颖,2020. APEC数字经济合作的最新进展及展望[J]. 国际经济合作(1):37-44. 统计截至2019年9月。

经过前期的发展，APEC"探路者方式"已经基本成熟，拥有比较完善的体制机制，有很明确的原则和优先使用的领域等，而且在机制盘点和评估方面也有一定的经验。在发展过程中，亚太经合组织团结一致，总结教训、积累经验，为数字经济的发展做出了巨大贡献。"探路者方式"是 APEC 的一项重要创新，有力补充了 APEC 的单边和集体行动计划。

为了有效开展组织结构方面的活动，亚太经合组织创立了数字经济指导小组。该指导小组具有多层次并且相对比较完善的管理结构，可以很好地处理相关工作。APEC 各成员体的领导人可以通过年度领导人非正式会议的方式来对数字经济在内的相关议题进行讨论和交流。除此之外，APEC 还通过许多平台展开具体的合作，包括部长级会议、高官会、委员会、工作组和秘书处等多个层次交流平台。

从微观层面分析，有很多承担数字经济合作项目且起到具体推动议程和行动计划实施的 APEC 平台，例如，电子商务、数字经济以及人力资源诸多论坛等。由于互联网的逐渐兴起，电子商务发展逐渐成熟，亚太经合组织成立了电子商务指导小组（ECSG），其目的是为了促进该地区电子商务和无纸化贸易发展。在经济发展方面，因为互联网和数字技术的逐渐发展，数字经济也蓬勃向上，所包括的行业和领域也不断增加，其相关议题的重要性也日益凸显。作为对这一现象的回应，在 2015 年和 2018 年，亚太经合组织分别建立了"互联网经济临时指导小组"（Ad Hoc Steering Group of Internet Economy，AHSGIE）和"数字经济指导小组"（Digital Economy Steering Group，DESG），以此来对相关问题进行交流和讨论，并且对日常工作进行协调，而且还通过了《APEC 互联网和数字经济路线图》。亚太经合组织 ABAC 在 2018 年建立了"数字创新工作组"（Digital Innovation Working Group，DIWG），目的是促进数字经济的合作和对 ABAC 机构的完善。

截至 2019 年 9 月，在数字经济方面，亚太经合组织已经开展的合作项目有 179 项，具体领域包括电子商务、数字基础设施、中小微企业发展、人力资源开发以及标准和规则制定等多项不同领域。受到一系列相关行动计划的影响，诸如 APEC 新建数字经济指导小组以及数字创新工作组等，2018 年亚太地区的数字经济合作项目创历史新高，高达 41 项，成员间对于数字经济合作的参与意愿明显加强。

第六节 APEC 数字经济的前景展望

一、完善数字基础设施

在 APEC 的所有成员体中,目前仍然有 13 个是发展中的成员体,它们的共同特点是相比于发达的成员体,其数字基础设施比较薄弱,而且数字技术和应用水平不高,缺乏与发达成员体之间深度合作的能力和可能,因此,这些发展中成员体不会急于在一些非传统合作领域(如数据隐私和网络安全等)盲目效仿。然而,要想各成员体之间有密切的合作和不同领域不同层次的互助,必须以数字经济的合作为前提。由此可见,在未来较长一段时间内,继续建设和完善数字基础设施以缩小不同层次成员体之间的差距是 APEC 合作框架背景下数字经济合作的主要方向。

此外,APEC 仍然需要不断学习和探究数字技术和它的应用,加强创新,APEC 成员体之间将在未来很长一段时间内把数字技术的转型发展看作焦点,不断加强领域间的合作,尤其是互联网相关的合作和创新,包括应用现在的数字技术改善对产品、服务和商业模式,同时加快数字技术和其他产业的(例如,公共服务等领域)的渗透和融合。

二、不断拓宽合作领域

当前,在 APEC 数字合作的领域中,一些方面有很明显的合作效果,例如,缩小数字鸿沟、增强数字基础设施建设等,但是在数字经济其他领域合作发展仍然较为缓慢。APEC 成员体中一些发达成员体没有耐心等待现有机制下缓慢的合作时机成熟后再谋定而动。除了与其他具有共同利益的 APEC 成员体合作外,发达成员体还积极寻求 APEC 以外国际平台(G20)上的合作。2016 年以来,G20 先后通过了《二十国集团数字经济发展与合作倡议》《二十国集团数字普惠金融高级原则》等,促进数字经济领域更深层次的合作,为 APEC 成员体之间开展数字经济高层合作提供了参考。

随着数字经济的逐步完善和不断加深,未来 G20、OECD、欧盟及"一带一路"沿线国家等在互联网数字经济领域采取的行动和计划将对 APEC 经济合作框架下数字经济合作领域产生极为重大的影响；APEC 成员体在其他平台上的深化合作是否会淡化在 APEC 框架的合作，从而对整个 APEC 机制的行动和措施造成影响仍然值得探讨和关注。

三、继续缩小数字鸿沟

信息基础设施作为开展各层次数字经济合作的基石，也是加深数字经济合作的重要保障。在将来的很长一段时间内，APEC 在数字经济合作方面的关注重点可能会是以下几方面：对信息基础设施建设的不断完善以强化网络方面的安全，减小各成员体间在性别、地区、年龄以及健康和经济发展等不同方面的数字差异，提高亚太地区宽带的推广力度和高速率运行互联网的接入率等。

APEC 地区公众仍然在对互联网和数字技术以及相关应用进行着不断探索，数字技术也在跟社会多个领域强化融合，不论是深度还是广度上都是如此。所以未来一定时期内，APEC 所有成员体可能都会比较关注推动数字化转型方面的项目合作，如信息通信技术领域的研发与创新，数字技术与制造业融合，利用数字技术改善其他公共行业等方面。

四、改革合作机制

数字经济是新的发展领域，而且包含的具体内容非常广泛；此外，科学界和产业界对该领域的研究和摸索仍在进行。数字经济相关的技术和应用虽然发展迅速，但是在某些方面（如理论和监管等）仍然存在缺陷。此外，亚太经合组织不同的成员体由于自身差异所导致的利益诉求不同。综合以上限制性因素，当前情况下亚太经合组织很难为数字经济制订明确、具体的规则标准和机制；目前的首要任务是解决现有的矛盾，加强各成员体的合作（如"探路者方式"）。APEC 应完善相应的机制，在具体操作执行之前要加强交流和讨论，操作执行之后要进行总结和回顾，积累经验。总的来说，就是要不断实践，不断总结，不断前进，分享成果；继续完善"探路者方式"，始终保持 APEC 的灵活性和开放性。

五、APEC 数字经济发展的对策建议

以新技术和商业模式为形式的数字化转型将继续影响亚太地区的经济和公

众的日常生活。数字经济是福是祸，将取决于成员体实施改革和颁布适应政策的能力。这些改革和政策能够在克服挑战的同时抓住机遇。考虑到亚太经合组织成员体的不同情况，建议亚太经合组织成员体考虑以下政策建议。

一是在数字经济的商定定义和明确衡量框架方面取得新的进展。定义界定了覆盖范围，并允许统计人员制定相应的衡量框架。一个清晰、周密的衡量框架，由可靠的统计数据和定期更新的数据做支持可以很好地促进数字经济的发展。这些数据在各个部门和成员体之间具有可比性，反之将使决策者能够规划和做出更明智的决定。如果没有可以跟踪的措施和数据，就很难确定是否达到了政策目标或是否应做出调整的决策。

二是商定并制定政策相关指标。虽然衡量数字流量很重要，但监测数字转型的进程也很重要，因为这使决策者能够更好地了解数字化正在如何改变经济，并制定适当的政策应对措施。此外，数字经济的出现将从根本上改变商业运作方式以及产品和服务的交易方式。在这种环境下，能够监控对数字经济有影响的政策和法规也很重要。

三是正确对待数字经济的核心结构改革。竞争政策、法律、监管改革、容易推行与否和公共部门治理等领域的核心结构改革可应用于应对数字经济的机遇和挑战。如最新的竞争政策可以促进新的市场进入者和采用新的商业模式，同时确保数字技术和工具不会被利用而损害竞争。如果实施得当，监管改革可以带来更符合数字经济中企业需求的政策。政府可以通过在其公共部门治理框架中应用数字技术和工具，在确定数字经济的发展方向方面发挥重要作用。

四是补充核心结构改革。虽然新技术和商业模式为许多人创造了机会，但并非所有人都从中受益。数字经济可以通过不同渠道影响包容性，包括影响就业；此外，以上问题如果不加以解决，缺乏技能、基础设施短缺和社会保护的有限将导致社会排斥和贫富差距扩大。关于促进包容性增长的努力，根据欧盟实践可以包括两个方面：第一是通过针对教育和技能、基础设施和社会保障等领域，使结构改革具有包容性；第二是涉及在核心结构改革的同时实施支持政策。这些方法可以解决深层次的结构性障碍，阻碍妇女和传统上处于边缘地位的群体充分参与数字经济。

五是对数字经济的结构改革采取整体方法。在实施结构改革和支持政策时，决策者需要确保这些改革和政策协调一致，相互补充。要使数字经济无缝运行，APEC 成员体必须以整体而非零碎的方式处理政策问题和目标；否则，一个领域的政策可能会对另一个领域产生无意的负面影响。举例来说，一个政府机构为改善数字企业的商业环境而制订的政策可能会被另一个机构的政策所抵消，原因是缺乏协调或没有考虑到其他因素。这就要求政策制定者跨越传统的政策孤岛，跨越不同的部门和政府层面，制定一套完整的政府决策方法。在这些实践中，必须充分考虑私营部门和社会其他部门的需求。在这方面，亚太经合组织的 ABAC 论坛有可能在数字经济问题上加强合作。

六是关注数字经济的趋势和发展，包括政策改革和相应调整。数字经济是一种相对较新的、不断变化的经济。发挥作用的结构改革和政策支持，在未来一到两年可能不再合适。因此，应随着数字经济的发展趋势不断地对其进行审视。

七是利用并促进区域合作促进数字经济的发展。在数字经济的背景下，亚太经合组织及其论坛可以发挥重要作用，促进对新兴技术和商业模式的最佳做法和创新监管方法的讨论和知识共享。这些涉及学术界、私营部门和其他国际组织的对话以及能力建设，这些活动也有助于推动 APEC 成员体就诸如竞争执法等各种议题进行对话和合作。此外，亚太经合组织可以作为一个平台，识别数字经济带来的机遇，并推动跨境合作的具体举措的出台。这些措施可以包括利用数字技术促进跨境贸易和投资，通过有效和可靠的支付系统加强交易，以及提高供应商与客户关系的透明度和信心。为避免重复和重塑发展方向，亚太经合组织的区域合作工作应参考国际组织（如世界银行、OECD、国际货币基金组织、世界经济论坛、亚洲开发银行、美洲开发银行和其他机构）的相关数字经济工作。

第四章 智慧农业

第一节 智慧农业的发展现状

一、智慧农业的定义

智慧农业,顾名思义,是指存在于农业中的智慧经济,也可以是指智慧经济具体表现于农业中的一种形态。作为智慧经济的一个重要组成部分,智慧农业包括食品溯源防伪、农业电子商务、农业信息服务、农业休闲旅游等方面。对于发展中成员体而言,发展智慧农业,是消除贫困、实现赶超战略的主要途径之一。

智慧农业能够将物联网技术运用到传统农业中,使传统农业更具有"智慧"。同时,智慧农业相关技术充分应用了现代信息技术成果,集成应用了物联网技术、计算机与网络技术等,实现对农业可视化远程诊断与控制、实现灾变预警等管理。

二、智慧农业的发展历程

20世纪80年代初,智慧农业在美国兴起。由于现代科技的飞速发展,各种新型农业技术不断涌现。到了20世纪90年代,美国的卫星定位系统率先得到了广泛的应用,信息技术也随之被广泛普及,这使得农业生产得到了长足而有效的发展。进入21世纪以来,世界上的智慧农业相关产业已形成规模,农业生产水平与生产效率不断增长,这一切促使农业正不断发展成为一个可持续高效的产业。

1. 智慧农业在全球的发展状况

目前智慧农业已在世界各地形成规模,呈现出良好发展的态势。对一些起步早、政策好、发展快的成员体而言,由于政策支持、科技研发水平的不断提高,因此,在各方面较之智慧农业发展初期都有着十足的长进;就政策方面而言,几乎所有具有先见之明的成员体都已不遗余力地出台或落地支持智慧农业发展的政策法规,目的是以此来引导智慧农业,促进其发展完善,如美国率先提出"精确农业"构想,并先后出台了6项与农业信息化相关的法律法规以及若干项农业发展计划,为推进农业发展,美国在信息、科研、教育、基础设施、投资等方面都制定了相关法律法规,为"智慧农业"及其产业链条的发展提供了良好的政策环境以及财政支持。放眼全球,如农业资源匮乏的荷兰,由于第二次世界大战导致人口的急剧减少,在战后,为发展农业,改善民生,政府开始推行农业保护政策;直到现在,荷兰政府始终坚持完善大额农业补贴,用以建设农业发展设施,完善与丰富农业知识创新体系,促进了智慧农业的发展。荷兰作为国土面积仅4万多平方千米的弹丸之地,成长为仅次于美国的全球第二大农产品出口国。作为小农大国的典型,荷兰农业技术装备水平以及农产品质量效益水平都堪称世界一流,荷兰发达的合作社体系功不可没。荷兰农业合作社大多拥有先进的技术体系,表现着极强的技术集成能力。究其关键,除了荷兰拥有全球一流的农业大学,能够不断创新推出农业新技术和新装备,满足合作社的发展需求外,荷兰农业合作社也因产业稳定的发展,规模持续扩大。荷兰农业合作社能够高水平地吸纳和集成各种先进农业技术及装备的关键所在,正是稳定和持续的有效需求,促进了智慧农业的快速发展。科技研发方面,为适应性促进成员体智慧农业发展,众多农业发达成员体早已创建了不同结构的农业科技研发系统,以推进智慧农业进步。发达成员体基本以政府、高校的农业科技研发机构为重要主体,呈现出农业科技研发系统组成主体多样化的趋势,且政府都为主要管理者、研发推动者,企业的重要程度各成员体略有不同,其他农业相关者紧密配合研发机构完成智慧农业的研发工作。为建立完善的配套规章制度,设立专项资金扶持以推进农业科研技术快速发展,从而应用于智慧农业的发展,各成员体都在大力推进产学研结合加快相应领域进步。当前,许多APEC成员体都已形成各具特色的农业推广体系,且各成员体科技创新应用成效显著。

2. 智慧农业在APEC地区的发展状况

亚太经合组织制定的《2020年粮食安全路线图》,设立了名为"促进投资和基础设施工作小组",并为该工作小组制定了一项任务——利用工作组收集的发达成员体所掌握的技术与知识，促使 APEC 其他成员体掌握与使用"精准农业"技术。

总览亚太经合组织各成员体出台的相关政策、具体项目，以及近年来该组织的主要文件可知：该组织内部成员体均广泛认同以数码方式处理食物安全相关的问题和挑战极具重要性。借助先进的数码技术，不仅可以提高作物产量、减少粮食损失和浪费、优化粮食分配和增加零售渠道，还可为改善粮食质量和营养提供机会，使粮食供应链更加高效、经济，具有创新性和可持续性。

亚太经合组织的一项研究显示：在过去的十年里，冷链物流的飞速发展极大地改善了海鲜和水果等易腐食品的长途运输状况，减少了食品的损失和浪费。冷链物流由多种服务构成，其中分销服务包括批发和零售服务，该服务将食品生产商与终端市场联系起来；研发、人力资源、法律、营销、会计服务等商业服务通过提供专业知识和个性化建议，能够有效提高农民和企业的核心竞争力。此外，如环境服务、教育服务和认证服务等其他类型服务，完善了物流过程中的食物价值链，并有助于物流产业链有效且高效地运作。

亚太经合组织的各位部长和高级别代表认识到：粮食、农业、水产养殖、渔业等方面的贸易和投资对亚太经合组织区域内外的粮食安全至关重要，因此，欢迎成员体共同努力，进一步促进贸易自由化、便利化，减少非关税贸易壁垒，以促进各成员体间农业产品的有效流动。

目前，APEC 地区通信技术和大数据技术的应用涵盖了亚太经合组织成员体的整体粮食供应链，主要集中在地理位置和土地使用、金融服务、通信、农业统计和数据库、农业市场相关数据、咨询、认识和能力建设、物流数据、与灾害和虫害管理有关的数据收集与整理方面。数字身份和个体关联数据使一些工作变得更为便捷（如农业补贴的发放），同时应用先进技术能够清楚地观察牲畜和畜群，监测它们的健康状况，甚至能够使用人工智能和机器学习模型完成相应的治疗。

亚太经合组织的研究表明：智慧农业未来的发展机遇在于 5G 网络的投入使用和相关技术的发展，诸如传感器、物流、智能农业、工业自动化、远程疾病检测、增强和虚拟现实等技术的不断进步，使得智慧农业的发展有了技术支撑。但值得关注的是：数字文盲、基础设施不足、缺乏数据安全以及缺乏相应的政策支持是目前该技术发展所面临的挑战。为此，亚太经合组织计划促进现有食品系统的健康转化，以避免不同地区之间，特别是小农户之间因各种原因所导致的信息与数字鸿沟。

3. 智慧农业在中国的发展状况

中国是一个农业与人口大国，发展高效且安全的智慧农业是中国农业现代化建设的目标所在。如今，随着中国人口快速增长、耕地面积有限、人地资源矛盾的不断突出，传统农业面临的挑战也日趋严峻。2017年7月，国务院印发了《新一代人工智能发展规划》，有关文件提出人工智能的下一步发展方向是与各行业的融合创新，在农业方面，未来将研制农业智能传感与控制系统、智能化农业装备和农机田间作业自主系统等，建立和完善天空地一体化的智能农业信息遥感监测网络。

数字中国建设的重要内容是智慧农业。2019年，颁布的中央一号文件中提出：推动包括智慧农业在内的系列领域自主创新，实施农业关键核心技术攻关行动，更好地服务于我国乡村振兴战略和农业农村现代化发展。为加快发展智慧农业，推进农业、农村全方位全过程的数字化、网络化、智能化改造，智慧农业技术已经应用到生产监测、农产品质量安全追溯、精准灌溉等诸多领域，并形成了独特优势。这将有利于促进生产节约、供求对接、要素优化配置、治理精准高效，有利于推动农业农村发展的质量变革。百度、阿里、腾讯、京东等国内互联网巨头也纷纷加快了在智慧农业领域的布局。

为更好地促进我国智慧农业的发展与完善，提高粮食产量，造福大众，科学家提出了以下3点建议。

第一，加快培养高素质、高水平农民。各级政府在政策、资金、人力、物资方面加大支持力度，通过报纸、电视、广播等多渠道媒体在农村全方位宣传智慧农业。要充分发挥运营成功的智慧农业示范基地的示范带头作用，组织农民定期参观了解智慧农业运行模式，提高农民文化水平，鼓励他们主动创业创新，深入学习如何建设与管理智慧农业，吸引农业高素质人才。深化基层农技推广体系改革，激励农技推广人员充分利用其广泛接触农业生产者的优势，建设全国农业信息网上交流平台。要结合我国农业高校和相关科研院所拥有的科研基础优势以及雄厚的师资力量，将高素质高水平农民培养纳入国家教育培训发展规划，教授青年学生智慧农业理论与实践知识，并建立适合培训我国高素质农业人才的长效教育机制，为智慧农业发展提供源源不断的农业人才。

第二，加快完善农业科研体系。为促进农业科研机构的相互合作和交流，除了要强化政府顶层设计职责外，还应加大资金、物质和人才投入，统筹规划、建立统一的农业科研体系。为提高农业科研成果的转化应用能力，使得农业科研项目井然有序地进行，除了要强化集成创新，还要统筹兼顾智慧农业发展所需的各项高科技技术。政府方面要通过各种方式尽职做好农技推广，广泛收集农业生产问题和生产数据，为农业科研提供反馈，及时检验科研成果效用，促进土壤修复技术、数字化管理等技术的应用，完善相关功能。

第三，加强智慧农业基础设施建设。为加强农田水利建设，实现节水灌溉、绿色灌溉、数字化灌溉，建设统筹兼顾引水、排水、蓄水、灌溉等多种功能的水利工程。加快现代化农机设备进一步发展完善，建立专项资金支持，扩大设备生产规模，并加强农机设备购置补贴政策，鼓励农民积极使用现代化农机设备。除此以外，推进通风、采阳、温控、清理垃圾，完善饲料投喂自动化建设，建立全封闭式现代化种养殖舍棚，有助于改善牲畜禽舍现状。从全面来看，以上举措有助于实现农业精准化、智能化、科学化，从而远程控制管理农业生产。

第二节　智慧农业在 APEC 地区发展和应用的典型案例

一、智慧农业在中国发展和应用的典型案例

中国农业科学院农业资源与农业区划研究所在智慧农业领域做了大量工作，取得了很多成果。近年来，该所智慧农业团队将无人机与车载一体化地面样方调查系统相融合，在地面样方采集车上调试设备，进行空地一体化地面样方信息采集。中国农业科学院于黑龙江进行"智慧农业天空地一体化信息采集系统三江平原试验示范"，在互联网+现代农业理念指引下，中国农业科学院农业资源与农业区划研究所研制开发了天空地一体化农田地块大数据平台，利用卫星遥感技术、无人机与车载地面样方调查装备及农业物联网等相关系统，智能获取每个地块的周边环境因素、土地利用类型、农作物长势、农户生产决策信息等关系到粮食生产的农业生产大数据，将从科学上解答农民每年"种什么""怎么种"等问题。目前，该平台已进入推广阶段。

2019年在成都召开了"2019年智慧农业科技创新研讨会暨示范观摩会"

的现场示范观摩会。会议由中国农业科学院、四川省农业科学院、国家智慧农业科技创新联盟和中国农学会农业信息分会共同主办,由国家农业科技中心、中国农业科学院农田灌溉研究所、中国农业大学和《中国农业信息》编辑部共同协办。会议受到新华社等多家媒体报道。中国农业科学院灌溉所作为本次现场会的协办单位,主要承担了无人化果园中的水肥管理模块,具体内容包括:田间信息物联网采集系统结合无人机遥感反演果园水肥空间分布信息,通过专家系统模型算法获取田间灌溉施肥处方图,通过获取的处方图结合研发的智能灌溉控制系统,根据灌溉处方图开展精准灌溉施肥,实现了高效精准节水节肥,省时省钱省力的目标。

此外,中国各省都开展了与智慧农业相关的研究、研发和应用工作,并取得了较好的效果。江苏省无锡市粮食和战略储备局于2013年启动的"数字粮食"项目于2017年完工,总投资约2 900万元人民币,包括以下3个子项目:一是"数字粮食"市政综合管理平台,该平台集成了地理信息系统(Geographic Information System,GIS)、决策支持系统(Decision Support System,DSS)、远程监控系统、粮食收储可视化管理系统、价格监控分析系统、应急响应系统、库存管理系统、原粮质量安全可追溯系统和监督检查系统四个模块。该平台还开设有专门的功能区域,用于食品电子商务的交易和粮食储备的网上拍卖。二是智能仓储,该项目包括综合管理系统、智能操作系统、智能仓库状态控制系统、智能安全系统和其他可视化信息系统5个部分。三是华良1号粮仓机器人及其智能巡逻监控系统,此机器人基于人工智能、物联网、云计算和大数据技术,集环境感应、动态决策、行为控制和自动报警等多功能于一体,具有自动巡逻、熏蒸监控、关键位置监控和安全控制等功能。该项目有助于满足地方政府对食品行业数字化管理的需求,提高地方政府的决策能力,从而提高地方政府的宏观调控能力,保障食品安全。通过汇聚顶尖研究机构、数码设备制造商及其他利益相关者,有助于促进食物业及资讯业的发展。该平台于2016年启动全国粮食贸易体系建设,在2017年升级为全国粮食电子贸易平台,集粮油交易、资金结算、物流运输、质检、融资服务、信息服务于一体。截至2018年底,平台已累计完成粮油贸易2.5亿吨,贸易额4 500亿元。贸易产品包括小麦、大米、玉米、大豆和菜籽油。目前,国家粮食贸易中心和其他29个省级贸易中心已经形成了一个全国粮食贸易体系网络,在全国范围内提供贸易服务,交易资金通过电子银行在网上结算。该平台现有贸易会员近32 000人，从事粮食生产、种植、贸易、加工、销售等，涉及全产业链。贸易谈判、拍卖、订立合同、交货、结算、业务处理等已可完全依靠电子化管理。

广西壮族自治区（全书简称广西）自2013年起，依托广西特色作物研究院，部署了一系列特色农作物种植试验基地，用于开发研究葡萄、柑橘等水果作物智慧种植。位于中国南部的广西拥有大片高海拔的山地资源亟待开发，而这片山地也被袁隆平等多位院士论证为"是广西地区独特的高海拔冷凉气候，是发展广西特色农业的一大优势"。在发展了7年后，研究作物已由原先的两种水果发展到现今果业、中草药业、花卉、蔬菜等多种农业作物。研究内容包括种子收集、冷藏保存、鉴定、选育新品种和培育良种等方面。对于生产一线的农作物生长监控，广西特色农作物研究院依托"慧云智慧农业云平台智能农业系统"进行监控。系统检测数据包括：空气湿度与温度、光照、土壤湿度与温度以及降水量等。在系统采集数据后，将会通过对这一系列数据进行分析、研究，使得科研工作能够精准对接数据信息。通过"慧云智慧农业云平台智能农业监控系统"，科研工作者能够在第一时间获取葡萄种植的光照、土壤、风向等数据，并且可以随时在手机或者电脑上查看。起源于温带的葡萄对温度的要求比较苛刻，作为喜温作物，葡萄对温度的要求会根据所处的不同生长时期而发生变化；以欧洲葡萄种为例，刚长出的葡萄芽在温度为10~12℃下适宜生存，低于10℃时新梢无法生长，低于14℃时葡萄无法正常开花，而当气温高于40℃时，果实将会枯缩。对于家庭式小作坊葡萄生产，温度偏差影响较小，但是对于大规模种植或者研究院的科研人员来说，温度的细微变化将会使结果出现极大偏差，而借助"智慧农业平台系统"精准控制葡萄生长的环境温度有效解决了此类问题，在作物检测、信息共享、节省人力物力方面起到了至关重要的作用。广西灌阳县拥有优质水稻、蔬菜和葡萄三大作物品牌。在灌阳县"增强科技支撑、优化产业结构"的发展引领下，当地加大推动传统农业向智慧农业的转型升级，努力打造集超级稻、特色水果蔬菜、旅游休闲农业于一身的"生态农业"。针对不同作物，灌阳县分别开展了三种农产品的全程安全可追溯系统。该系统将逐步覆盖农产品的各个环节，包括生产、加工、包装、流通等。除了在生产环节使用的一系列自动检测调节环境设备，灌阳县将安全可追溯系统的重点放在了流通销售领域。消费者可以通过扫描包装上的二维码或者条形码，查看所选择农产品的基本信息，包括生产者、品种、生产数据等，确保了全县蔬菜从生产到餐桌的食品安全，让市民真正吃上放心菜。

江西省赣州市龙南县石斛谷是全国一流的基于智慧农业的原生态石斛种植基地。为打造仿造野生石斛生长环境，当地采取了一系列的新型农业科学技术。石斛对生长环境要求严苛，多生长于悬崖峭壁或高大的树木上，要求环境昼夜温差大、空气湿度高。而石斛谷林地面积广大、空气湿润，最高温度可达40℃，最低温度可在0℃以下，是仿野生人工种植石斛的绝佳场所。应用物联网、大数据等新一代信息技术，当地从石斛种植源头把控石斛的品质。由于山地地形不便于信息的共享与交流，当地结合相关公司研发打造了"物联网大数据云平台"，数据可以通过电脑端或者手机端实时远程监控山上生长石斛的环境信息，如气温、空气湿度、风向、光照等。在将蓄水池和水泵连接到智能物联网后，相关设备就可以在一定时间联动，实现自动智能浇灌；为保证石斛质量，研发公司结合当地实情在数据平台上设立了环境及水质检测系统，实时监测水源的EC值以及pH值。石斛谷的"物联网大数据云平台"是一个一条龙的数据服务平台，成功地连接了从石斛种植到出售的上下游产业，涉及播种、培育幼苗、嫁接、剪枝、收获、清洗烘干、机器加工、流水线包装、质检等多个环节的生产加工数据，有助于当地传统的石斛种植模式向智能石斛种植模式转变。全过程、全方位的信息数据会自动保存，形成档案，不可更改，极大地确保了溯源档案的真实性。经过多年的生产与研发，石斛谷已经形成了铁皮石斛育种、育苗、原生态种植，流水线加工、新产品研发、市场营销于一体的新农业模式。最新修建的石斛种植基地示范大棚占地4 000平方米，仿野生环境栽培铁皮石斛基地，占地共15 000亩（1亩约为667平方米，全书同）。

近年来，新疆以无人机进行植保为主的智慧农业产业正逐渐运用到传统的农业种植中，为全疆的农业增添了新的动力。新疆地广人稀，农田连片，非常适合发展以机械化、自动化为主的生产模式。近年来，新疆棉花总产量维持在450万吨左右，占全国棉花生产总量约74%，棉花无人机灌溉、施肥、杀虫的技术受到了当地棉农喜爱。目前，新疆每年约有3 800万亩棉花，通过无人机落叶剂喷洒，其中2 300万亩将会采用机械化收割。而随着无人机技术的普及，新疆成熟的无人机植保队伍已有约1 000支。无人机工作分为3步：首先是在作业前对作物进行光谱数据采集和图像识别，包括目标作物以及其他干扰障碍物;其次无人机团队需要进行农药的科学配比调配;最后,两人团队将会操控无人机进行自动飞行洒药。无人机按照指定航线飞行,操作者只需在手持监控上对航线进度、电池及农药用量、实时风速等数据进行监测。一亩地人工植保至少需要30分钟,无人机仅1分钟就能完成任务,且节约90%的用水,避免了农药在喷洒过程中对人体的伤害。随着中国农民专业知识素养的提高,越来越多的高素质年轻农民加入到以机械化、大数据为支撑的新型智慧农业生产活动中去。除了棉花,新疆库尔勒市的大面积香梨果园授粉工作同样需要无人机技术的支撑。通过无人机雾化立体技术,可以将含有花粉的营养母液雾化后从果树上方通过下压风力,均匀地喷洒到花内成功授粉,有效地提升了授粉的效率和品质,使得病虫害的传播频率得到降低,促进增收。依靠大数据、互联网等新兴技术发展农业,应用无人机、智能农机等设备将一些环境,如空气、土壤、水质、光照的指标数据化、可视化,可提升现代农业的产量和质量,从而有助于促进中国农业从传统的家庭农业向规模化、机械化、智能化的新型智慧农业转变。

重庆市农业科学院的主要优势为蔬菜培育与研究。目前,院内拥有种质资源11个,菜类资源6 588个,在相关农产品资源的收集方面取得了卓越成绩。在智慧农业技术支持下,璧山智能化蔬菜育苗中心建设完成并投入使用,内含无土基质配备室、钢架大棚、智能温室等设备设施,该育苗中心不仅实现了规模化、标准化和机械化育苗,还借助专业知识研发了新一代育苗技术以培育优质幼苗,提高蔬菜的品质。中心内主要的智能化方向有两个:一是温度可控的智能化大棚,在大棚内配备相应的传感器、采集器以及控制器以便在后期种植时可以随时根据天气、光照等信息使用手机调控大棚温度以达到蔬菜生长的最适宜温度,提高蔬菜的质量;二是智能化育苗,借助专业的智能系统随时查看幼苗大棚内的光照、湿度、土壤、温度等相关信息,并且随时修改和调节这些要素,使得蔬菜育苗不再受天气、地理位置、技术等因素的影响和制约。目前,璧山智能化育苗中心已经培育出的优质品种有巨型南瓜、空中红薯、水果黄瓜等。规模化和智能化的研究中心全年可以生产1万株优质蔬菜种苗,为5 000~10 000亩基地带来精细化、精准化的蔬菜幼苗。

二、智慧农业在其他APEC成员体发展和应用的典型案例

智能农业是代表着现代信息和通信技术在农业中的应用。精密设备、物联

网（IoT）、传感器、遥感、全球定位系统、地理信息系统、大数据、无人机、机器人等都是其工具和载体。基于更精确和更高效的方法，智能农业有潜力提供更具生产力和可持续性的农业生产。

APEC 地区传统农业在未来将面临一系列挑战，如人口持续增长、全球经济复苏乏力、资源匮乏、气候变化、农业生产力提高缓慢、越境有害生物、自然灾害频发、农村贫困、粮食市场不稳定且无保障、移民、食物损失和浪费等。因此，APEC 地区需要建立智慧农业来应对相应的挑战，包括提高农业生产力、可持续地开发自然资源、应对气候变化、提高应对自然灾害的能力、消除贫困、消除饥饿和营养不良、建立高效的食物系统、提高农村的收入等。因此，需要 APEC 地区克服小农田的限制、确保农业的全球竞争力、建立营利性农业经营模式、提高农业生活质量、应用先进信息通信技术创新农业生产体系。

1. 智利

智利的渔业价值链始于资源管理，其中最为重要的是技术的支持与研发。野生捕捞、水产养殖和鱼菜共生是智利渔业的三种主要方式。卫星技术、电信、机械与设备租赁和环境保护的服务，共同确保了鱼类的生产量、质量以及渔民的安全，特别是在野外捕捞的情况下。生产或捕获的鱼经由经销商收储后直接出售给工厂、饭店或消费者。在此阶段，分销服务、销售和冷链物流发挥着巨大作用。加工后的最终产品会被包装并运输到内外两个市场，进而通过中间商出售给零售店或餐馆。此外，智利作为世界上最大的樱桃出口经济体，其樱桃生产的价值链始于农场种植筹备，在农场进行研发、种植和全方位的服务；在生产阶段，需要技术支持和监督，以确保樱桃的高质量，所需的服务包括病虫害防治和认证服务；在进入包装阶段后，包装和选择、测试和认证以及信息技术服务是关键的投入，新鲜的樱桃经过挑选和包装后，就进入了物流、运输、营销和销售，这时服务变得至关重要，接着便是实现利润，完成整条供应链。出口商是智利出口樱桃的主要利益相关者，因为其汇集了上述诸多环节的服务，并将本地生产商和海外进口商联系在一起，起到了桥梁的作用。智利为控制和管理葡萄和蓝莓的生产和品质，以应对气候变化的影响，通过光谱光学和物联网技术这两个关键因素的相互作用，开发光谱和技术光学监测系统，以改善农业管理水平，包括生产和质量方面。预期成果如下：一是对基于智能光谱仪光学与存储、转换和移动设备通信的传感器纳米（硬件）进行性能评估；二是生成一个基于卫星信息定位系统来定义的采样点；三是建立基于分析化学与计量学的预测模型；四是开发一个集成化学计量学——光学算法的移动应用程序和网络平台，以便对结果进行空间可视化管理；五是评估项目实施的经济影响，并将该项目开发的技术成果分享给相关农业公司，以便更好地将相关农产品进行分类，同时将与物联网进行联动开发。

2. 韩国

韩国的智慧农场以其高度的自动化闻名，自动化和大数据的应用使得韩国智慧农业发展较为迅猛。自动化在农业与畜牧业设立的项目较多，如农业种植的播种、嫁接、病虫害防治、收获、分类、包装、交付以及机器人与作物自动化系统；畜牧业则设立了哺乳、喂养、挤奶、污水处理、牲畜用机器人和自动化系统；此外，拖拉机、水稻播种机、除草机器人、无人机等监控与数据采集系统和自动机器也是较好的自动化设施。大数据则主要起到了监测与分析的作用。通过智能传感与监控、智能分析与规划及智能控制使智能设备通过各种传感器添加自主感知、内置功能，能够执行自主操作。大数据能够检测和测量到环境数据，从而可以向专家进行咨询，获得更精确的增长管理指导，从而提高农业生产力。

韩国智慧农业的努力方向主要有3个：一是建立智慧农场的管理信息系统，用于收集、处理、存储和传播数据；二是建立精准农业，用于技术和设备投入使用后提高经济效益，减少环境影响，这需要决策支持系统、全球定位系统、遥感、地理信息系统等技术的支持；三是促进农业自动化与机器人技术的发展，包括机器人、自动控制和人工智能技术以及农场机器人和农场无人机设备。

基于以上设想，韩国将智慧农业分为四个专项，包括作物种植、果业、牧业和养殖业。作物种植以番茄为例，设立了3个组件。番茄生长监测自动成像系统用于作物生长数据自动测量、收集和传输，通过光谱辐射完成作物生长诊断，应用微型感应器即时测量作物生长数据（包括温度、水势、液流、EC、蒸腾作用等）；韩国园艺智慧农场根据数据建立的番茄生长与产量预测模型，可以集合生长、开花与收获、光照利用、温度、二氧化碳等参数数据进行产量预测，并以农业环境控制为基础进行科学决策。韩国的开放式栽培智慧农场拥有精确的果园管理系统，有助于病虫害防治、自然灾害的早期发现、作物缺水管理和智能灌溉等；同时，运用产量早期预测系统，可以提供下放式农业信息服务。对于智能灌溉系统而言，信息通信技术发展和无人驾驶的控制使得作物的生长能够不再依赖于农户的实时实地照看，通过科技手段建立的作物系统，能够完成以下工作：作物生长和产量预测、精确控制营养和水分智能传感、害虫控制、土壤气象作物智能灌溉；应用卫星、无人机和无人驾驶飞行器进行农田监测；实现产量预测、灾害影响评估、农业信息服务。果业主要的措施是促进果园精细化管理、果树作物生长与产量预测及养分和水分的精确控制、应用卫星无人机和无人驾驶飞机进行监测；精细化管理主要有害虫防治、自然灾害早期发现、作物水分胁迫、智能灌溉；果树生长与产量预测及养分和水分的精确控制主要有智能传感、病虫害防治、土壤气象分析等。牧业设立了两个管理目标：一个是基于生物计量学的家畜精确管理，需要专业人员自动测量、采集和传输以及个体识别，生物数据（温度、发情、行为）；另一个是健康体检、喂养与环境精细化管理。养殖业设立了新加坡、越南大西洋鲑鱼项目：2020 年第一季度，该公司正在越南开发一个完全垂直整合的鲑鱼养殖场；2024 年第一季度，该工厂每年将生产和加工 10 000 吨的大西洋鲑鱼，越南被选为运营资产的最佳位置，以享受亚洲鲑鱼强劲增长市场的显著物流优势，越南的全垂直集成 RAS 系统包括孵化室、首次喂养和苗圃加工设施占地面积 10 公顷，全封闭和生物安全生产空间 6.6 公顷。

近年来，韩国农村农户的数量持续减少，农村人口的老龄化比例更是超过 40%。而韩国的城市中，就业竞争越来越激烈，因此，不少韩国青年另辟蹊径选择到农村创业。他们把新科技和创意带到了农村，不仅获得了不错的经济收益，还给空心化程度严重的韩国农村注入了活力。最典型的例子莫过于其依托于现代科技所建立的智慧农场，韩国政府对于智慧农场项目给予了大力的扶持，根据 2019 年 APEC 会议中韩国代表的陈述，韩国政府对智慧农场的扶持，包括但不限于：①采用发达成员体最先进的生产系统，并根据韩国本地条件进行优化；②本地化所有设施、材料和设备都用于智能农业；③发展世界级水平的农业生产和管理系统与信息技术融合。

展望未来，韩国的智慧农业将给其经济发展带来四个好处：首先，确保核心技术的安全，能使整体农业过程智能化，智能农场出口模式与核心技术标准国际化；其次，逐步实现先进技术产业化以及软件、以内容为中心的技术开发稳步发展，提高农业生产力和农民收入；再次，农业低投入可持续发展，如通过物联网监测、大数据分析、远程控制等可以实现智能、精准农业；最后，应用卫星、无人机和地理信息系统使监控系统智能化，有助于病虫害监测、产量预测。

3. 日本

当前的日本农业面临着许多挑战，如农民老龄化导致严重的用工荒问题；耕地缺乏，需要扩大每个农场的平均耕地面积，以创新打破人均工作面积的限制；有许多工作依赖于人力，特别是农业、林业和渔业方面的熟练技术人员。减少劳动力和保证技术人力成为农业发展的重要问题，智慧农业成为日本农业发展的首选方向。据此，日本提出了"智慧农业计划"，计划项目要点是为了实现农业生产力的大幅提高，迫切需要引进和应用机器人、人工智能、物联网等近年来得到显著发展的先进技术，发展智能农业；通过先进技术的应用和示范，促进了智能农业技术的现代化；计划的主要目标是到2025年，让所有参与农业的农户都能应用数据进行农业实践。

日本智慧农业发展基础是传统农业技术与近年来飞速发展的先进智能技术有机融合。传统农业技术包括开发出与当地气候、土壤等特点相适应的技能、品种，反映日本本土特色的美味品种和品牌农业工艺，这些技术生产出与消费者需求相匹配的安全的、可靠的农产品。先进智能技术包括智能机器人、5G、大数据等，这些技术为农业带来了一系列的正面效应。在日本，智能手机操作的机器人拖拉机和水管理系统等先进技术实现了操作自动化，使业务规模得以扩大；信息和通信技术使专业农民的农业技能能够向年轻农民传授；通过对生长和疾病的准确预测，利用和分析传感数据等，实现了农业的高度自动化管理。日本正谋求农民、私营企业、地方政府等合作，支持机器人、人工智能、物联网等目前先进技术在生产现场的安装，努力展示理想的智能农业。

4. 马来西亚

马来西亚的现代农业技术内涵包括了传统农业技术和生物技术两个方面。现代农业政策包括现代精准农业计划、应对气候变化的智能技术、应对环境/资源退化问题的计划和加强生物安全项目，其中智能农业是很重要的方面。降低管理风险并防止引入不需要的生物（害虫和疾病）制剂、创造财富、零浪费和综合农业价值链以增加农户收入，加强技术转让、传播和采用的连通性，是马来西亚现代农业追求的目标。智能农业专注于创建智能经济，并强调能够创造持续增长收入、促进马来西亚农业经济活动,促进开发智能技术产品的投资和贸易。

粮食安全的新维度超越了可用性、可达性、稳定性和利用的"传统"维度,而新维度使粮食安全更加复杂、多尺度和相互关联,它被视为人类安全的一部分,这也体现出区域一体化的重要性。目前,马来西亚存在粮食饲料燃料财政难题与食物-水-能源关系问题,这要求马来西亚当地农业进行需求管理、智能化管理,即节约粮食、自力更生和自给自足,更加重要的是加强智慧农业建设以克服以上困难,面对挑战;同时,发展智慧农业可以更加全面增加农业综合企业价值链和供应链。

马来西亚可持续的智慧农业体系有3个方向,即环境可持续性、加速新兴技术应用和农业发展的社会包容性。3个方向的体系决定了其农业建设的主要四个方向:首先是通过青年农民振兴农村发展,智慧农村转型促进青年参与农业,因此,农场会多样化,增加就业机会、增值农业产业链;此外,智慧农业发展还需要城乡结合,小城镇是农村经济的主要接口,青年农民需要大城市的技术和资金资源帮助其探索潜在的领域,以便提高农场生产力,促进营销和贸易,实现精准农业创新。其次,需要加速农业科技创新步伐,如油棕和水稻产业智能化、水资源管理数字化、检测害虫以避免植物疾病自动化和准确地降低温室气体排放智能化等。再次,通过食品安全行动和营养保障计划将消费者风险降至最低,减少不安全食品的有害影响,通过智慧农业手段溯源食源性疾病;探索未知领域,协调自动化标准,提高对食品安全及其在生产和消费层面处理的认识,加强如冷链、储存技术、食品安全测试智能化。最后一个方向是通过智能的循环经济解决食物流失和浪费,缩小现有粮食与未来消费所需粮食之间的差距,具体措施包括通过智慧农业减少生产阶段和产后的食品损失,更好地处理好食品。

5. 中国台北

当前中国台北仍以传统农业为主,因此,如何将传统农业转化为智慧农业被提上了工作日程。经专家研讨发现,实现传统农业向智慧农业的转型需要做到以下四点:一是要提升产业竞争力;二是要调整农业结构,整合资源,促进农业增值发展;三是要保障食品安全;四是要激活农业资源高效灵活利用,以确保农业可持续发展。

中国台北建设智慧农业有3个目的:一是通过建立智能农业联盟,能够加强生产、收集、质量控制和海外销售的承包经营，完善农产品追溯体系，促进农产品消费；二是建立公共信息平台有助于整合产销信息，完善农业市场营销，推进农产品物流现代化，加强农产品追溯体系的建设；三是强调农业的多功能价值，激活休耕地的多功能作用，从而振兴农业社区，展示农村地区的生态、景观、生活方式和文化，最终达到将农业转变为吸引年轻一代的产业目的。公共信息平台涵盖了三个方面的信息：分别是平台数据库、公共信息平台和平台开放服务。平台数据库中承载环境控制数据、农药和肥料数据、可追溯产品数据、市场数据等。公共信息平台主要用于大数据分析和大数据交换。平台开放服务中提供了三种服务：一是提供数据，包括天气预报、实时天气预报、传感装置异常分析以及传感数据趋势预测；二是分析数据，如对农药信息、肥料信息、病虫害防治、栽培生产计划等信息的分析；三是交换数据，通过对市场信息、各地的病虫害趋势分析、不同地区的农药采购指南等的信息交换，从而达到信息共享的目的。

加强机械设备与网络技术研发也是中国台北智慧农业建设的主要工作方向。机械方面，主要通过人机协调辅助设备改善当地农业的操作环境和流程，开发的智能机械与技术可以发展其他农业技术和设备，以节约能源和水源。加强通信网络的主要目的是建设农业发展信息管理服务，以此提高农业生产管理的效率。

中国台北搭建的智慧农业技术框架可以分为3个层次：第一层次是应用层，首要任务是预测智慧农业各个方面的需求情况，该层需要发展生产销售预测模型技术，实时预测和调整系统模型，完成决策制定和风险控制，打造产品和用户互动信息服务平台；应用层构建基于网络物理系统的应用服务，如集成产销技术、网络集成技术、感知人际一体化、和谐程度技术、智能控制以及层压板制造技术、一体化的数字化设计、流程优化技术等实现智慧管理；建立生产现场的大数据计算平台，从而加快对现场数据的分析速度。第二层是网络层，是要建立异构网络，包括机对机、机对云、网络到网络连接的数据融合，还要建立安全防御系统，集成网络成员信息、整合产销网络信息。第三层是传感层，目的是建立智能传感系统，传感层分为设施或部件与传感元件的集成及环境单元与传感元件的集成。设施或部件与传感元件的集成就是要建立精密传感集成电路，包括光学图像传感、传感与驱动、功率与振动传感、伺服驱动与控制传感等。环境单元和传感元件的集成即环境与生物传感集成电路,包括体感、方位感、环境监测、生物传感等。建成智慧农业相关设施后,将有助于农业各个领域的创新,促进跨领域合作,形成个性化的定制生产,加强对农业的大数据分析,加快农业的产业化进程。此外,智慧农业将带动新型就业模式,且技术的提高有助于提高就业率。智慧农业将会吸引更多的年轻农民加入,优化农业就业年龄结构,改善农村就业,减缓农村人口的流失问题。智慧农业对科学知识的需求有助于培训农民专家,提高农民的知识技术水平。智慧农业使分配更加公平——资源分配更加合理,现代物流涉及的产业更加全面,产销也可以协调部署,科学知识可以共享。

中国台北在智慧农业建立健全过程中也会产生一些问题,例如高龄农民缺乏劳动机会、不能根据环境和资源的变化调整生产决策、小规模农业生产效率低、产品质量变化大、供给不稳定等。据此,相关研究人员提出了一系列的解决方法,如人机协同设备可以改善高龄农民与劳动力缺乏的问题;基于大数据的决策模块有助于制定针对环境、资源等不可抗拒因素的生产决策,培养空间信息技术与智能团队合作培养模式可以提高农业的生产效率,稳定农产品质量,缓解供给不稳定的问题,智能生产-数字业务也是针对农业问题所提出的设想。由于在农业生产中难以获取相关生产细节并与后端的销售信息集成,消费者和生产者之间容易产生信息不对称、缺乏互信等问题,因此,需要通过集成传感系统、大数据分析、物联网和云计算技术,促进具有预警和预防功能的高附加值数字服务网络的发展。以水稻的智慧种植为例,开发和改进人机协调设备是实现水稻智慧种植的第一步。一系列的智能机械设备,如水稻苗圃省力装卸机械、田间害虫综合防治设备、人机协调直播机等将极大地提高了水稻生产效率与产品质量。通过建立水稻直播系统,可以加快稻田平整与直播技术的发展,促进直播稻栽培管理系统的完善。建立集成生产和消费信息系统,通过四个信息系统即集市粮仓管理系统、农机经营管理交易系统、苗木集散交易平台和生产与消费交互集成系统,信息的共享水平将有所提高。为水稻种植建立相应的智能化栽培管理系统,如田间害虫智能监测系统、水稻生产专家系统与营养状态智能成像诊断系统等。中国台北制订了农业项目培训计划和为其开发的组件计划,培训计划包括:智能农业农民创业培训计划、智能农业专业发展计划、产业创新规划培训计划、国际基准研究计划、核心人才海外培训计划等;组件计划中包含了3个部分:首先是通过智能农业联盟促进智能农业的发展和应用,以完善跨领域咨询系统,提供的服务有环境和生物监测、风险预警与控制、生产决策支持等；其次是集体栽培管理与质量控制操作计划，能够整合通信技术打造多元化数字农业服务与价值链整合应用模式，用于促进产销智能物流的发展以及提高供应和需求的灵活性与可调整性；最后是电子商务组件，即利用现代信息通信技术如市场推广服务等创造生产者与消费者互动交流的新模式。

智慧农业的全面建立将加快知识的数字化，提高农业生产的智能化水平，将为小农打开新的机会之窗，通过智能化的生产流程和管理提高生产效率和能力，并建立成功的战略联盟；通过大数据分析技术，可以为生产者和消费者搭建一个积极的全方位平台，满足食品安全和互信的需求。

6. 泰国

泰国开展了一系列种植规划，其中应用了智慧农业技术。泰国当地科研部门已经开发了各种移动应用程序支持农户的决策，使农户可以选择与土壤特性相匹配的作物。如制定区划，让农户选择地图上的位置，开发的系统显示所在区域对泰国12种经济作物（水稻、甘蔗、橡胶、咖啡豆、龙眼、红毛丹、椰子、玉米、油棕榈、菠萝、山竹、榴梿）的适宜程度；再如土壤指南，农户通过选择地图上的位置，土壤特性的细节可以在移动终端显示，提供了土壤数据、土地利用数据、作物的土壤适宜性、作物的土壤和肥料管理措施，系统使用基础地图、正射影像图和谷歌地图覆盖数据，支持用户了解土壤特性、相关限制因素、土壤适宜性以及关于适合于选定作物的土壤管理、肥料使用建议及该地区需要注意的限制条件。作物清单以颜色代码显示，附带显示作物的适宜程度和选定的地区，绿色表示非常适合，黄色表示适合，红色则表示不适合。在选择作物时，系统提出增加产量的管理建议，如基本的土壤性状分析，并提供根据土壤性状分析得到的施肥指南。农户可以使用土壤导向器作为指导，以改善土壤质量，从而提高作物的产量。

泰国研发的虚拟农场是一款基于网络的农场模拟游戏，鼓励农民、学生和任何有兴趣的公众尝试在游戏中种植作物，之后再种植真正的作物。游戏使用实际数据，如土壤系列图、土壤性质、土地利用条件、天气、植物生长速度和市场价格等，模拟11种作物（水稻、玉米、木薯、甘蔗、大豆、油棕榈、菠萝、龙眼、红毛丹、榴梿和山竹）的生长。玩家可以从基本地图中选择他们想要种植的每种作物，或者从1∶4 000比例的正射影像地图中选择该地区进行虚拟种植。玩家可以模拟从播种到收获的区域管理，从土地分区和土地分配指南中获得信息的农民可能会尝试在他们的土地上种植新作物,并查看是否能比现在的作物获得更多的利润。

泰国注重智慧农业发展规划。2019年5月,泰国农业合作部下属的一个推动智能农业系统发展的委员会,启动了一个智能农业系统项目。该委员会的主要职责是将智能农业的最新进展付诸实践,目的是提高泰国5种重要农作物(水稻、玉米、木薯、甘蔗和菠萝)的生产效率。通过采用先进的作物管理和生产程序,可以减少作物生产中的一些问题,如农业生产过程中的损失、供应过剩、过早收获。因此,提高作物生产效率将给农民和政府带来若干好处,如能够控制生产数量和质量,能够预测市场需求,防止疾病和虫害暴发造成意外损失,能够鼓励农民意识到并为气候与环境的变化做好准备。为达到上述目标,该项目采用以下两个主要措施:一是智能农业装备应用示范。应用示范将演示在实际耕作地区作物种植过程中使用适当技术的情况,通过与海内外一些机构、组织的合作,各种技术和装备(如超光谱无人机、气象站、除草机器人、自动喷洒机、智能浇水系统和自动收割机)将在演示中得到应用。从这个过程中收集的数据将用于研究环境条件对作物产量的影响,如土壤特性、温度和天气条件。此外,这些数据将用于确定植物的营养状况,杂草控制,跟踪植物的生长,预测收获日期;同样重要的是,数据将被分析且作为政策建议使用,如以最适当的方式改善生产过程。二是建立大数据系统支持智能农业。该系统旨在促进从生产过程中使用的设备中获得信息的能力,它将建立一定的情景和操作方法,用于存储从泰国各地区的农业示范区收集到的数据。应用海量、密集、系列化和多样化的数据,通过深度学习等人工智能手段提取对生产过程有价值的见解,如它将能够提取影响生产数量和产品质量的主要因素。数据将从物联网设备、无人驾驶飞机以及示范区的气象站处收集。此外,一些数据(如卫星图像、水资源储存信息、气候数据、土壤和地区数据)将由各种合作方法提供。

该计划将开发两个应用程序,从管理和农民的角度演示大数据系统的使用,包括:数据报告系统。该应用程序可以监控生产情况,并预测产量,包括4个部分,即种植田的跟踪数据,帮助农民生产的建议,预测产量,预测市场的需求量;病虫害检测,这个应用程序用于病虫害的诊断,将在生产中发现的数据,根据存储的病虫害图像和专家诊断,报告感染的类型和现状。该系统可以减少损失、降低杀虫剂、化学肥料、水以及劳动力成本,提高产品的数量和质量，增加农民的收入，准确预测产品的数量，为市场营销计划提供依据，并支持推进市场营销。

泰国农业合作部农业司负责植物生产研发，其"粮食安全数字倡议和实践"案例是一个智能农业示范农场项目。该项目自 2019 年开始设立，目的是制定项目建议书，要求政府财政年度提供预算 1 300 万泰铢，政府必须再提前一年编制预算。该项目包括 8 个农场和 1 个温室，用于生产玉米、甘蔗、木薯和蘑菇。智能示范农场位于三个地区，即北部，东北部和东部地区。该项目的实施方式是整合各学科和研究机构的科研力量，从土地整理到每个智能示范农场场址的收获与投入信息都予以收集。综合考虑并应用了土壤、植物品种、肥料、机械、农作物、害虫管理、地理信息学、遥感、图像处理、无人机、卫星和物联网等先进技术。今后将收集、转化和开发所有农场经营活动的相关数据，形成数字化和大数据平台。该项目的预期成果是未来在泰国推广和发展智能农业，提高作物生产率，减少成本和粮食损失，解决劳动力短缺问题，并增加农户收入。

泰国作为世界上最大的加工水产动物产品生产国和出口国之一，建立了可靠的水产动物追踪系统，追踪运往泰国港口或在泰国加工的水产动物，以确保来自非法、未报告和无管制的捕捞活动的水产动物不会进入泰国的生产和加工线。目前，泰国正在制定悬挂泰国国旗的认证制度，以追踪在海外捕获的泰国船只，并制定港口措施链接和非泰国船只渔获物处理报告制度。关键理念是建立数据库系统地追踪水生动物的起源，以及建立自动警报系统，以便在发现任何异常输入的时候，都可以从捕获物着陆进行追踪，确保渔获物没有非法捕捞。

关于泰国船只渔获量的追踪制度，首先是核对渔获量的来源，即对照登记册中记录的渔获量、重量与登陆期间记录的实际渔获量进行交叉核对，签发海洋渔获量采购文件。在加工厂，从加工或出口的批次中捕获的数量将自动从原有数量中扣除，以防止未经检查的水生动物被纳入系统。最后，将向相关方发放出口到其他成员体的渔获证书。关于来自非泰国船只的渔获量，由于泰国是港口措施协定的缔约成员，所有希望在泰国港口卸下渔获物的非泰国船只必须接受预先申请进入港口所需文件的检查，包括船只所属地的渔获量证书、船只检查，以及将在港口测量的渔获量的种类和重量与在加工厂监控的渔获量进行交叉核对；然后，系统将跟踪加工或出口总量中用于加工或出口的数量，以防止未经核实的渔获物进入系统。对于出口到其他成员体的产品，将签发加工证明，以证明其是合法产品。

　　泰国将继续提高信息技术追踪系统的有效性，包括开发自动报警功能，以及开发移动应用程序，将船舶转运的数据库与港口连接起来，直至抵达工厂，以减轻官员盘点文件的负担。此外，还将制定措施，控制通过货柜、卡车和空运输送水生动物的活动，以堵塞将非法捕获物走私到生产线的机会。现已全面运作的可追溯系统，显示了泰国渔业改革取得的显著进展，而这一改革将继续下去，泰国正成为一个无不合法、不申报、不管制行为（Illegal, Unreported and Unregulated，IUU）的成员体，并成为该地区如何解决 IUU 捕捞问题的典范。

第五章 APEC愿景小组报告

第一节 公众与繁荣：APEC 2040年愿景

截至2020年，APEC从成立之初为实现自由贸易和投资的目标已经过去了30年，现在仍处于实现目标的关键时期。为进一步实现这一APEC根本目标，APEC愿景小组提出了2040振兴APEC的远期愿景，届时APEC将庆祝成立50周年。这一愿景是基于APEC独特的协作、无约束精神以及论坛为APEC地区卓越的经济成就所做的贡献基础上而制定的，并提出了APEC面临的新挑战和新机遇。对2040年APEC远期愿景制定，领导人非正式会议声明已经多次提及，如"我们承诺将团结一致，为建立一个和平及相互联系的亚太社区而努力，实现和维护该地区全体公众的繁荣和福祉……为实现这一目标，我们将继续坚持自由和开放的贸易、投资以及更深入的区域经济一体化，促进以人为本，具有创新性、包容性、可持续性、平衡性、安全性和弹性的经济增长……为了实现这一愿景，我们将继续寻求良好的经济治理，包括加强结构改革和投资必要的基础设施，采取以人为本的积极调整政策……在这个数字技术日新月异的时代，我们将为个人和企业创造一个开放的、以市场为导向的有利环境，促进其在数字化转型中受益……通过这些措施，我们决心以APEC作为区域经济合作的首要论坛，确保亚太地区一直是世界最具活力和创新性的地区。"

APEC自成立至今，已证明该地区是世界上最具经济活力的地区。人均收入从1989年的8 554美元增长到2018年的16 168美元，几乎翻了一番，增长速度超过了世界其他地区。贸易增长了7倍以上（由于世贸组织的支持，区域和双边自由贸易激增，关税大幅降低），全球范围外方直接投资中所占的份额也稳步增长。该地区发展中成员体的经济增长速度超过了发达成员体，许多成员体从低收入水平迈进中等收入层次。4个欠发达成员体的实际国内生产总值总体增长了近 4 倍,从 1989 年的 4 150 亿美元增长到 2018 年的 1.6 万亿美元。该地区最高和最低的人均收入之间的比例在 1989—2018 年从 90 倍下降到 30 倍。人口预期寿命和教育入学率大幅提高,水、电用量快速增加,大约 10 亿人摆脱了贫困。

在"茂物目标"的引领和激励下,APEC 在支持该地区贸易、经济一体化和共同繁荣方面发挥了重要作用。APEC 地区的商品和服务贸易已从 1989 年的 3 万亿美元增加到 2018 年的 24 万亿美元,具体做法是通过定期召集成员体领导人和部长召开会议,商讨达成共识、交流最佳做法以及探索新的发展思路;同时,亚太自由贸易区(FTAAP)积极实施切实可行的方案,促进了贸易和投资,它是区域自由贸易协议(如 TPP、CPTPP 以及正在谈判的 RCEP 协议)的催化剂,还促进了世贸组织关于信息的协定和谈判,便利了技术交流、产品产销和营商环境。与其他区域组织相比,APEC 成员体在区域和全球范围内有更高的贸易量、投资量以及全球价值链比重。简而言之,就是"APEC 效应",它对 APEC 成员体的政策制定产生了积极影响,有助于成员体自发地实现贸易和投资自由化、便利化以及更深入的经济一体化。

虽然 APEC 在过去取得了非凡的成就,但未来还有更多的工作要做,更多的挑战要面对。"茂物目标"未完成的任务必须在 2020 年后 APEC 议程得到优先排序。自 2008 年全球金融危机以来,APEC 部分成员体正增加使用非关税措施和贸易救济措施保护自己经济的增长,这些成员体的监管框架需要进行进一步实质性的改革,以服务贸易和投资,增加 APEC 成员体的经济增长潜力。

自 APEC 成立以来,随着区域价值链、电子商务和数字贸易等的增长,亚太地区的贸易性质也发生了巨大变化。APEC 在促进集体和个体分享经验、建立信任和进行建设性对话以解决贸易和投资壁垒方面将继续发挥重要作用。因此,在 APEC 的 2020 年后工作计划中结构改革和解决数字经济新问题需要占有更大的比重。

随着该地区经济的不断增长,反全球化情绪、贸易保护主义和贸易紧张局势也急剧上升。多边贸易和投资改革的气氛已经恶化,解决世贸组织成员之间就其当前框架领域内的长期分歧进展有限。公众普遍关注当前基于规则的多边贸易体系的运作,对于全球和区域市场是否有直接的风险。这些分歧的原因是成员体间的不平等现象,有可能破坏当前持续稳定的经济增长态势,加重公众对贸易和投资自由化的疑虑。数字技术的快速发展为提高APEC地区公众生活水平和创造新工作机会带来了巨大新机遇。同时，气候风险和不可持续的损害环境的发展对经济长期增长、人类的健康和安全构成根本威胁。这种破坏性影响直接地损害了APEC区域的农民、渔民、企业和社区的发展。

破坏经济一体化并不是应对这些挑战的正确做法。相反，经济一体化需要深化，继续产生可持续增长，并将增长和繁荣的成果更加广泛地在成员体分享。这些是相辅相成的，而不是相互冲突的。为了确保快速的技术转型不会加剧成员体间的不平等现象，个人和企业需要具备必要的数字、技术、创新和适应能力，更好地适应新机遇并从中受益。

在现有政策的推动下，新技术可以创造新的工作机会，提供更多的服务，持续创新和不断提高公众生活水平将成为包容性经济增长的强大动力。同时紧迫的环境挑战也意味着，各级政府、企业和其他利益相关者必须参与到多方面的、涉及广泛的政策杠杆的解决方案中，利用技术创新不断提升环境可持续发展的成果。APEC虽然主要着眼于促进贸易和经济目标，但同时肩负着联合国可持续发展的目标。APEC应在具有比较优势的领域增加价值，例如在自由化环境商品贸易的制定和提出有针对性的解决方案和方法，强调创新和实践。APEC独特的工作方式：非约束性、自愿、协作和基于共识的合作，得到了APEC成员体的支持，APEC未来的经济合作应坚持信守这一工作方式，为APEC寻找更多更好的机遇。

一、APEC应在全球经济合作领域发挥领导作用

贸易和投资可极大地推动经济增长，也是经济繁荣和活力的关键，这对于APEC成员体的生产力发展、技术创新及创造就业机会至关重要。面对贸易性质的不断变化，区域价值链、电子商务和数字贸易的迅速发展，以及反全球化情绪和贸易保护主义的抬头，APEC必须重申其在倡导自由开放的贸易和投资方面的领导地位，不断强力宣传APEC对于经济增长和减贫的重要作用和贡献。APEC透明、非歧视和可预测的规则为该地区的贸易和投资提供了便利，营造了公平竞争环境，促进了贸易和投资，增强了商业信心。亚太地区的大多数成员体都得益于这些重要原则；APEC成员体树立了良好榜样，这也有助于APEC发挥领导作用。

APEC不断向公众传达贸易和投资的重要性，促进了该地区的经济增长和

社会发展，APEC 应该继续坚持其贸易和投资的透明、可预测和非歧视性的规则。APEC 成员体应该继续积极支持世贸组织其他成员支持该组织的改革，不断开展切实有效的工作，包括增强规则的执行和遵守能力，促进多边贸易体系的良好运作。APEC 应继续支持并促进新的贸易框架的发展，包括在适当时机通过双边、区域或多边协定来推进区域价值链。

二、APEC 应该进一步加强亚太地区的经济一体化

消除非关税壁垒措施、改善贸易规则、进一步开放服务和投资领域以及解决未来阻碍贸易问题应成为 APEC 2020 年以后的工作重点。APEC 强调开放和改革成员体服务市场，这对于释放数字和知识经济的巨大增长潜力至关重要。吸引和增加国际直接投资以减少投资壁垒，从而建立透明和可预测的监管框架是未来 APEC 合作的紧迫任务。APEC 成员体应执行《世贸组织贸易便利化协定》，消除参与全球价值链的障碍。APEC 成员体签署的全面和高标准的区域和双边自由贸易协定在推动《"茂物目标"》实施方面发挥着至关重要的作用。APEC 成员体应加倍努力履行承诺，增强其未来参加此类协定的能力。APEC 领导人已承诺通过促进亚太地区区域经济一体化，最终实现亚太自由贸易区这一远景目标。

APEC 成员体应继续寻求进一步实行关税自由化的机会。APEC 成员体应根据《北京路线图》和《利马宣言》，继续就《自由贸易协定》进行建设性工作。APEC 应继续促进能力建设、互信和技术合作，以增强成员体参与已生效的高标准自由贸易协定的意愿。APEC 应加快实施《2016—2025 年 APEC 服务竞争力路线图》，并优先考虑鼓励进一步开放和改革服务市场的努力。鉴于数字经济的快速增长，APEC 应采取措施支持世贸组织的电子商务谈判。APEC 应通过更新《2011 年非约束性投资原则》和《投资便利化行动计划》，帮助成员体加强吸引和稳住投资。APEC 应进一步实现业务便利化，并解决损害贸易和投资的非关税措施问题。

三、APEC 应将包容和妇女经济权力列为优先事项

APEC 追求经济繁荣的目标是为了公众的福祉。最近几十年中，经济的增长繁荣也加剧了不平等现象。这有可能破坏未来的经济增长以及开放市场的共识。2020 年后，APEC 需要将注意力集中在促进经济金融、社会包容性以

及社会各阶层消除不平等等问题上,不断交流相关知识和最佳做法,帮助成员体制定适合其特定需求和优先事项的政策。在经济领域赋予妇女权力,可以促进平等、减少贫困,释放创新力、加强生产力。在信息和资源较为缺乏的小市场和次区域,提升和改善中小企业、初创企业的跨界贸易和进入全球价值链的能力,可以增加成员体产出和公众收入。良好的政策环境和数字化新技术可以显著扩大商业和贸易的参与潜力。另外,对人员的投资,包括教育、技能培训和终身学习,可以帮助其适应成员体贸易环境变化,提高其生产力。

APEC应为领导人做好全面盘点各成员体贸易和投资领域合作的准备,找出相应的问题,并制定出解决的措施和政策。成员体应根据这些措施和政策制定其具体优先事项和行动计划,并付诸实施。APEC应定期盘点《APEC关于促进经济、金融和社会包容性的行动议程》的执行情况,并明晰具有代表性的弱势群体和个人相关议程进展情况,这些群体包括残疾人、贫困者、偏远地区人群和土著居民。APEC还应增强妇女的经济权能,定期盘点议程的进展情况,明确不足的方面,从而采取适当的对策。APEC应支持成员体促进小微企业国际化的努力,特别是在市场、融资、新技术和数字经济方面的便利化措施。

四、APEC应支持数字经济发展和成员体的创新增长

APEC应支持不断发展的数字经济所带来的经济模式创新和转型,数字新技术包括人工智能、区块链、虚拟现实、5G、大数据、人类基因组测序和量子计算等;同时,政府应确保市场保持开放性和竞争性。广泛、快速、普遍和可负担的宽带接入是互联网和数字经济发展的基础,也是成员体包容性增长和可持续经济发展的强大推动力。市场的自由化可以推动数字基础设施的发展,降低费用并增加普及度。为了更好地进行创新,成员体需要建立灵活、平等和对企业友好的监管框架。此外,区域合作可以加强监管的一致性,减少市场的分散度。成员体通过对话、分享最佳做法、能力建设与合作,促进了数字经济的发展。

为促进数据的自由跨境流动,APEC应在成员体内和国际法律框架下应对与隐私、数据保护、安全和知识产权相关的挑战,建立信任并促进商业交流,继而促进数字经济的健康发展。APEC应加强推广通信技术网络等数字基础设

施的建设，为加快企业发展，特别是中小型企业，为 APEC 地区的公众提供更好的发展机会。APEC 应通过对话和经验交流，在可互操作性、市场竞争和创新监管方法等方面加强合作。APEC 应加快实施《APEC 互联网和数字经济路线图》，加大相关工作力度，促进电子商务等数字经济的发展。

五、APEC 应加快发展终身技能和数字技术素养

在技术变革时代，成员体应不断改善人力资本，满足经济继续繁荣发展的需求。数字技术转型可带来更高水平的生产力产出、新的商业模式和新的工作机会。同时，这对传统的生产流程、雇佣关系和工作方式也带来极大的挑战。各成员体政府和私营部门应为劳动力学习新技术和迅速适应新变化做好准备。成员体内部人员对于数字技术的获取和使用数字技术所必要技能、相关知识都比较缺乏，因此，学习数字技术是一项迫切任务。数字技术的发展在不同地区成员体中也存在明显差异。APEC 成员体应该扩大和深化正在开展的人力资源开发计划，特别是那些侧重于数字素养以及科学、技术工程的教育和培训计划。应进一步鼓励利用信息和通信技术进行跨境在线教育和技能培训，更好地促进地区公众间的联系。

APEC 应加快促进终身技能发展，包括对妇女和女童的 STEAM 教育（科学、技术、工程、艺术和数字）和培训，以消除数字"鸿沟"。APEC 应加强收集和分析劳动力市场信息，鼓励雇主、政府和教育工作者间的对话，使其教育和培训出更好地满足不断变化的就业市场需求。APEC 应集中精力制定数字技术问题的解决方案，以改善成员体能力建设和技能开发的环境。

六、APEC 应推进稳健而全面的结构改革

良好的经济治理结构是保持经济持续增长的前提。商业环境的透明度和可预测、具有竞争性和开放性是促进跨境贸易和投资的前提，这些特征有助于经济的持续增长，促进宏观经济的稳定、健康发展。良好的成员体合作体制可促进经济的创新性，并为妇女、中小型企业和少数弱势群体增加发展机会。尽管 APEC 在竞争性市场结构改革方面的努力取得了良好进展，但还需开展更多的相关工作，以提升不同地区经济参与水平、包容性以及应用数字技术的能力。当前结构改革议程的任务体现在《APEC 新的结构改革议程》中，并于 2020 年到期。健全的宏观经济政策对于确保经济增长的平衡性、包容性、可

持续性、创新性和安全性至关重要。APEC 财长会议为实现这些经济发展目标，加快基础设施建设，促进融资以及金融包容性方面做出了重要贡献。

APEC 将会就继续优先发展上述核心结构改革议程进行讨论，以完成其对经济包容性、数字创新、人力资源和劳动力市场发展及适应性的改革，在改革任务授权期满后，APEC 将再通过一项类似计划。APEC 未来将加强能力建设，支持成员体制定和执行旨在推进结构改革的措施、指标和举措，鼓励财长会议进程与主要的 APEC 委员会、工作组之间进行更多和有效的合作。

七、APEC 应优先发展优质基础设施

亚太经合组织领导人认识到地区一体化及全面互通的重要性，共同提出了《亚太经合组织（APEC）互联互通蓝图（2015—2025）》，该蓝图是指导 APEC 互联互通合作，指导未来发展的纲领性文件，旨在构建全方位、多层次的复合型亚太互联互通网络。APEC 成员体应继续开展合作，加强 APEC 区域的部门、人员之间的互联互通。此外，区域贸易、运输和物流的便利化非常重要，可改善供应链效率，降低贸易成本。成员体应不断开展对话，共享最佳实践经验，有效地完善监管合作和实践。APEC 应继续促进区域人与人之间的沟通对话，包括通过发展旅游、增加教育和技能培训等途径，实现高质量发展。在未来几年，APEC 应鼓励成员体大量投资优质基础设施，继续扩大贸易。亚太经合组织应加快实施《亚太经合组织（APEC）互联互通蓝图（2015—2025）》，在其三大支柱领域内制定具体的行动计划和目标；其中，中期盘点和任何后续计划都应更重视数字经济；亚太经合组织应促进对话和共享最佳经验，实现高质量发展，缩小成员体之间关键基础设施方面的差距。亚太经合组织应利用监管合作和一致性协调机制，不断促进业务发展，加深区域经济联系。亚太经合组织应加快实施切实可行的行动方案，特别是通过商业、旅游、教育和技能学习落实该领域合作指导方针。亚太经合组织应鼓励亚太地区成员体在各种互联互通举措方面的合作、协同行动，促进互联互通发展。

八、APEC 在气候变化和环境可持续性方面应与区域和国际组织协调一致

APEC 区域长期经济的增长、繁荣和公众福祉，取决于环境的可持续发展。然而，自然资源的不断减少、空气和水污染持续恶化、土壤加剧退化、

气候变化和自然灾害造成的损失越来越多，这些问题都在以前所未有的方式影响着人类健康；此外，太平洋区域过度捕捞和塑料及其他海洋垃圾污染，也使APEC地区面临严峻的环境挑战和威胁。虽然快速的城镇化促进了经济增长，减少了贫困，但调高了环境成本，增加了能源需求，这些问题的解决需要依靠可持续发展和智慧发展战略。APEC领导人制定了能源发展合作目标，即到2030年使可再生能源在APEC能源结构中的占比翻一番，到2035年将能源消耗降低45%，并逐步淘汰化石燃料补贴。另外，为了满足不断增长的能源需求及完成降耗目标，APEC将帮助成员体经济转型，提高能源使用效率、降低排放，在环境商品、能源效率和低排放技术领域制定了相关举措。

APEC应根据联合国2030年及以后的可持续发展目标，将可持续性纳入其所有计划和项目。APEC应与企业合作，鼓励创新技术和有针对性提出解决方案，促进可持续发展，不断减缓和适应气候变化。APEC应加快其在制定政策和监管最佳实践方面的工作，加快发展可再生能源，同时确保能源安全和负担能力。APEC应加快实施可持续城镇和社区的低排放的倡议，加强其应急准备工作。鉴于这些问题的紧迫性和复杂性，APEC在执行这些措施时，必须与其他国际论坛更加紧密的合作。

九、APEC应加强与主要利益相关者的互动

APEC应注意定期咨询外部专家和利益相关者。APEC商业咨询理事会是APEC的私营部门合作论坛，是推动APEC实现目标（包括增强中小型企业实力）的强大力量。APEC官方观察员太平洋经济合作委员会提供了重要的合作桥梁，也丰富了APEC的商业合作途径，它可与应对APEC类似挑战的主要区域和国际论坛开展针对性的合作。

APEC应探索各种机制，鼓励ABAC和其他私营部门同APEC官员和专家进行更密切的接触，确保商业团体可更好地了解正在进行的工作。APEC应加强与包括PECC在内的公共政策机构对话，加深对技术转型和其他问题的研究。APEC应盘点APEC研究中心联盟，以期论坛在未来议程上更好地促进该地区大学、研究机构和其他相关网络之间更好地进行合作。APEC应重点开展与其他区域和国际机构及论坛的合作与协调工作，最大限度地实现优势互补。

十、APEC 应调整其工作方法和相关资源推进 2020 年后愿景设计

APEC 应调整其工作方法和相关资源，增强能力建设、理解和信任，有助于成员体制定和执行健全的贸易和经济政策。APEC 是全球有价值的思想交流中心，无约束力和自愿合作是其比较优势，在共识原则基础上探索更多举措拓展新的合作领域，是未来合作发展的重点。APEC 通过秘书处的相关研究机构客观地研究和分析当前合作的状况，制定合理的政策，可以进一步加强政策引导作用。自 APEC 成立以来，其部门工作流程和机构逐渐扩编削弱了 APEC 整体影响力。目前，APEC 每年大约有 150 次政府官员级会议和 63 个工作组会议。很多工作组的任期将于 2021 年届满，需要进行全面评估，加强内部跨平台合作，设置工作组和工作流程的期限，应执行有关法定人数和期限的现有规则。APEC 应不断创新技术，合理安排临时会议，提高工作效率的同时还要保证使 APEC 足够灵活，以应对不断出现的新问题。

APEC 应将其工作内容与实现 2020 年后的愿景保持一致，并定期评估和盘点工作进展。亚太经合组织应执行良好的传播战略，扩大公众和媒体对 APEC 的兴趣。APEC 应对其组织结构和工作计划进行全面盘点，避免 2020 年后议程中的优先工作领域与其他国际和区域论坛重复。APEC 应不断提高内部工作效率，包括采用先进的技术、灵活的会议形式以提高内部工作效率。APEC 秘书处应配备适当的人员和资源以保持政策敏感性，包括为 2020 年后政策支持部门提供长期资金支持、修订的会费结构、调整人员配备模式以及制定新的政策和工作流程。

第二节　APEC 愿景小组成员

APEC 成员体可以提名一位代表加入 APEC 愿景小组。愿景小组成员的提名是自愿的，可提名具有不同背景的高级官员和优秀学者，并以个人身份参加小组，如果小组成员不能参加特定会议，则提名成员体备选人员。愿景小组的主席由成员体共同决定，每年会议时间和持续时间将由愿景小组主席与高官会指导小组协商确定；愿景小组每年最多向高官会提交两次进度报告。愿景小组成员可以视情况举行闭会期间协商或视频会议。APEC 秘书处被指定为愿景小组工作秘书处，为愿景小组的有效运作提供必要的支持；APEC 政策

支持研究小组经 APEC 高层批准，可以为愿景小组提供技术支持。

APEC 愿景小组的组成人员包括：

1. 刘晨阳教授

刘晨阳教授是南开大学 APEC 研究中心主任，他还担任过中国太平洋经济合作委员会全国委员会副主席、中国亚太研究协会副主席，曾受 APEC 秘书处邀请担任同行评审专家。他在南开大学获得经济学博士学位，对 APEC 区域经济一体化与合作以及国际贸易和投资开展了深入研究，发表了 50 余篇期刊论文和 10 多部有关亚太经济合作的书籍。刘教授还应商务部邀请担任中澳自贸区、中新自贸区和中日韩自贸区可行性研究的专家顾问。

2. Joanna Miriam Hewitt AO 大使

Joanna Miriam Hewitt AO 在澳大利亚政府、经济合作与发展组织秘书处以及澳大利亚和美国的私营部门委员会、咨询部门担任过高级职务。政府任职期间，她曾担任澳农业部秘书、高级贸易谈判代表和澳大利亚驻比利时大使。目前，她是默里达令河流域管理局的代理主席和 Lowy Institute 董事会成员。

3. Dato Paduka Serbini Ali 大使

Dato Paduka Serbini Ali 大使是文莱驻美国大使，驻墨西哥和秘鲁大使；2010—2016 年，文莱驻比利时、荷兰和卢森堡的大使以及驻匈牙利大使；是文莱常驻联合国的代表。2001—2002 年，Dato Paduka Serbini Ali 曾被任命为多个高级职位：2002 年任文莱外交部常任副秘书长，2004 年任文莱卫生部常务秘书，2008 年任内政部常务秘书。2000 年，文莱举办 APEC 期间，他被任命为 APEC 秘书处执行董事。他曾就读于文莱苏丹奥马尔·阿里·赛义夫丁学院、英国萨里大学和美国弗莱彻学校。

4. Jonathan T. Fried 部长

Jonathan T. Fried 是加拿大总理特鲁多的个人代表和加拿大全球事务国际经济关系协调员，其任务是确保有关加拿大-亚洲和其他国际经济方面的国际论坛的政策和战略规划保持一致。他曾担任加拿大（2012—2017 年）驻世贸组织大使和常驻代表，2014 年担任世贸组织总理事会主席，2013 年担任争端解决机构主席，加拿大驻日本大使，国际货币基金组织加拿大、爱尔兰和加勒比地区执行主任，总理的高级外交政策顾问，财政部高级助理副部长以及加拿大七国集团和二十国集团财政副部长。

5. Jorge Sahd 博士

Jorge Sahd 是智利天主教大学国际研究中心主任,该校法学院经济法以及政府和商业的助理教授,廉政、透明度和善政学术计划的负责人,透明度委员会和总务委员会公民社会理事会的成员;Jorge Sahd 在塞巴斯蒂安·皮涅拉总统期间(2010—2014 年)担任财政部副部长,也是富布赖特研究员,在智利天主教大学获得法律学位,并在纽约大学获得公共管理硕士学位。

6. Mahendra Siregar 部长

Mahendra Siregar 部长于 2019 年 10 月被任命为印度尼西亚共和国外交部副部长;2019 年 4 月成为第 19 位印度尼西亚驻美大使;曾担任棕榈油生产国委员会的执行董事和印度尼西亚投资协调委员会主席、财政部副部长、贸易部副部长、印度尼西亚进出口银行董事长兼首席执行官以及经济事务协调副部长。

7. Anthony John Liddell Nightingale

Anthony John Liddell Nightingale 于 1969 年加入怡和洋行集团后担任多个高级职位,1994 年加入怡和洋行董事会,2006—2012 年 3 月担任怡和洋行集团董事总经理,2012 年 3 月至今,担任怡和洋行控股有限公司和怡和洋行集团子公司、奶牛场、怡和骑行、怡和战略和文华东方公司的非执行董事以及 Astra International 的专员;此外,还担任迅达控股有限公司、保诚集团、维他奶国际控股有限公司和瑞安房地产有限公司的非执行董事;香港水手之家和海员传教团的主席;还于 2005—2017 年被任命为中国香港的 ABAC 代表。

8. 浦田修二郎教授

浦田修二郎教授是早稻田大学亚太研究学院经济学教授、经济产业研究所教职研究员、日本经济研究中心特聘研究员、高级东盟研究员及东亚经济研究所顾问、亚洲开发银行研究所客座研究员。他曾获得庆应大学的经济学学士学位、斯坦福大学的文学硕士学位和经济学博士学位,曾是布鲁金斯学会研究员和世界银行的经济学家,专门研究国际经济学,出版、发表了许多有关国际经济问题的书籍和文章。

9. Song Yoocheul Song 教授

Song Yoocheul Song 教授目前是韩国同德女子大学的教授,国际经济研究中心高级研究员，大韩贸易产业研究协会副会长，大韩国际经济学会理事；在贸易政策、经济和发展领域发表了大量的著作；1985年获得首尔国立大学的文学学士学位（1985年），1991年和1996年分别获得美国布卢明顿的印第安纳大学文学硕士学位和博士学位。

10. Dora Rodríguez Romero 女士

Dora Rodríguez Romero 女士是对外贸易和经济发展方面的专家，从事拉美一体化进程研究已超过35年，现任墨西哥经济部对外贸易部副部长，亚洲、太平洋和多边组织总干事。2008年担任拉丁美洲一体化协会的副部长，领导自由贸易领域，系该协会协议与谈判部的负责人。

11. Dato'Muhamad Noor Yacob 教授

Dato'Muhamad Noor Yacob 教授是马来西亚国立大学兼职教授、马来西亚生产力促进局董事会成员、全国工资协商委员会成员。2003年10月至2009年12月，担任马来西亚驻世界贸易组织大使兼常驻代表；2004—2005年任贸易便利化谈判小组主席，2006年任争端解决机构主席，2007年当选为WTO总理事会主席；2010—2012年担任APEC秘书处的执行主任。他于1974年毕业于马来西亚大学经济学专业，1982年获得了威斯康星大学麦迪逊分校的公共政策硕士学位，2002年还参加了哈佛商学院的高级管理计划。

12. Alison Elizabeth Mann 大使

Alison Elizabeth Mann 大使是新西兰负责东盟、东亚峰会和东盟地区论坛的高级官员，领导外交和贸易部亚洲地区司。有贸易政策背景，在澳大利亚和北亚市场拥有丰富的外贸经验，被派往首尔、北京、堪培拉担任要职，并被派往巴西，担任新西兰驻巴西大使。她还曾在贸易部工作，负责澳大利亚、北亚贸易谈判；作为新西兰贸易谈判代表主持了关于中国和中国台北加入世界贸易组织的双边谈判；作为新西兰的首席谈判代表牵头与韩国进行了双边自由贸易协定谈判；领导了新西兰与APEC的协议签署活动。

13. Lahui Ako 总干事

Lahui Ako 总干事是巴布亚新几内亚的 APEC 高级官员，巴布亚新几内亚 APEC 秘书处、总理府和国家执行委员会的总干事。2012年8月，巴布亚新几内亚内阁任命他组建巴布亚新几内亚 APEC 秘书处，为巴布亚新几内亚准备 APEC 年的相关事宜。Lahui 领导巴布亚新几内亚政策团队在 APEC 2018 召开前起草了巴布亚新几内亚的政策重点。在此之前，他曾在外交与贸易部担任多种中层管理职务，包括在巴布亚新几内亚使馆担任一等秘书，其中 2003—2007 年在中国北京担任外交官。Lahui 拥有巴布亚新几内亚大学的战略管理硕士学位，并有以下著作和绘画作品：《无尽祝福之上游》《中国的阿格鲁瓦》和《无名战士：本·莫德的故事》。

14. Allan Wagner Tizón 大使

Allan Wagner Tizón 大使是秘鲁前外交部长，现任秘鲁外交学院院长、民间组织"Transparencia"主席和巴黎国际商会秘鲁分会主席，安第斯共同体秘书长。2008 年，他被国际法院任命为秘鲁代理人，负责智利的海域划界案。作为外交部长，他正式访问了中国和几个东盟成员体，并参加了在洛斯卡沃斯和曼谷举行的 APEC 领导人非正式会议。

15. Claudio Teehankee 大使

Claudio Teehankee 大使是菲律宾常驻日内瓦世界贸易组织代表，世贸组织贸易政策审议机构主席；他还主持了世贸组织的贸易和技术转让工作组以及贸易与环境委员会工作；担任国际经济关系外交事务副部长、菲律宾 APEC 高官（2016—2018 年）和司法部副部长（2001—2003 年）。他也是一名训练有素的律师，获得了日内瓦大学研究生院的国际法学博士学位。

16. H. E. Nguyen Nguyet Nga 大使

H. E. Nguyen Nguyet Nga 大使是职业外交官，目前担任越南外交学院和 ASEAN 2020 秘书处的高级顾问，她是东盟妇女联盟的成员及越南太平洋经济合作委员会副主席。她曾担任过对外事务多边经济合作总干事，负责国际经济事务，世界贸易组织和自由贸易协定谈判；还担任过政府贸易谈判小组副主任以及亚洲欧洲会议越南高级官员会议负责人。2015 年，她被任命为 APEC 2017 年秘书处总干事及高级顾问，亚欧基金会越南代表理事。经常参加国际政策会议和研讨会，包括威尔顿公园会议、萨尔茨堡全球研讨会、Women 20 峰会和亚洲妇女会议。

17. Pavel Kadochnikov

Pavel Kadochnikov 是俄罗斯联邦经济发展部下属俄罗斯对外贸易学院的副校长。2012 年担任俄罗斯 APEC 研究中心执行主任。2016—2018 年，担任俄罗斯战略研究中心总裁，为俄罗斯的社会和经济发展制定战略方向。Pavel

Kadochnikov 在宏观经济学，包括亚太地区在内的国际经济学、贸易政策和结构改革方面拥有深厚的专业知识。

18. Tan Kong Yam 教授

Tan Kong Yam 教授目前是南洋理工大学的经济学教授、新加坡国立大学李光耀公共政策学院亚洲竞争力研究所的联合主任。1985—1988 年，曾担任新加坡金融管理局的助理局长，负责汇率政策；2002 年 6 月至 2005 年 6 月，在世界银行驻北京办事处担任高级经济师；1999—2002 年，任新加坡政府首席经济学家、新加坡国立大学商学院战略与政策系主任，毕业于普林斯顿大学和斯坦福大学。

19. Jamie Lin

Jamie Lin 是中国台北电信公司总裁，其所在的公司是东南亚地区领先的电信、互联网、媒体和电子商务集团。他也是 App Works 的董事长兼合伙人，App Works 是美国最大的创业加速器和最活跃的风险投资公司之一。在此之前，他做了 10 年企业家，1999 年与人共同创立了 Hotcool.com，后来发展成为成功的 AI 软件服务公司 Intumit；2006 年在纽约与人共同创立了旅游创业公司 Sosauce.com，并在 2009 年创办了 App Works。

20. Matthew John Matthews 大使

Matthew John Matthews 大使任美国驻文莱大使。他于 2004—2007 年任美国驻澳大利亚大使馆要职；2007—2010 年任美国驻马来西亚大使馆经济事务参赞；2010—2013 年担任美国驻香港总领事馆副首席行政官；2013—2015 年，担任洛克菲勒海军上将外交政策顾问；2015 年 6 月至 2019 年 3 月担任美国驻 APEC 特使，兼任美国在澳大利亚、新西兰和太平洋岛屿地区事务副助理秘书。

21. Vijavat Isarabhakdi 大使

Vijavat Isarabhakdi 大使于 2019 年 8 月 13 日被任命为泰国外交部副部长，2013—2015 年任泰国驻美国大使，2015—2017 年任泰国驻加拿大大使。他还曾在泰国外交部担任过其他高级职务，2006—2011 年担任泰国常驻联合国日内瓦办事处代表团大使/常驻副代表，2011—2012 年任泰国外交部国际组织司司长，2012—2013 年担任外交部常任副秘书长。Vijavat 大使于 1980 年获得曼谷朱拉隆功大学艺术学院的学士学位（一等荣誉学位），1982 年获得了富布赖特奖学金，在美国攻读研究生，1984 年获得法律和外交文学硕士学位，1989 年获得弗莱彻法律与外交学院的国际关系博士学位。

第三节　APEC 愿景小组职权范围

APEC 愿景小组是一个咨询机构，旨在协助 APEC 高级官员制定 2020 年后工作愿景，愿景小组的工作目标旨在 APEC 成为一个自强而又有能力应对全球挑战并能适应快速变化环境的世界性论坛。

APEC 愿景小组于 2018 年开始工作，并在 2019 年资深高官总结会议之前向高官提交了报告，提出有关 2020 年后 APEC 工作建议，这些建议有助于高级官员制定 2020 年后愿景的目标和行动措施。在准备最终报告前，APEC 愿景小组将进行以下工作：根据当前信息（包括但不限于 2016 年 APEC 政策支持小组对 APEC 实现《"茂物目标"》的进展进行的二次评估）评估 APEC 的成就和不足；评估全球新兴市场发展趋势及其对 APEC 的影响；确定 APEC 的愿景、发展方向和主要合作领域（包括 2020 年后的 APEC 合作领域）；咨询 APEC 各委员会、工作组和其他利益相关者，包括亚太工商理事会（APEC Business Advisory Council，ABAC）、太平洋经济合作会议（Pacific Economic Cooperation Council，PECC）、APEC 政策研究机构（Policy Study Unit，PSU）、东南亚国家联盟（Association of Southeast Asian Nations，ASEAN）、太平洋岛国论坛（Pacific Islands Forum，PIF）和其他相关的国际和地区组织及专家对 APEC 愿景的意见和建议；定期向高官会报告其工作进度、提交最终报告。

东道主将为 APEC 组织愿景小组（APEC Vision Group，AVG）会议提供后勤服务和行政协助。AVG 的所有决定和/或建议将通过协商共同制定，所有相关决定都保存于 AVG 的会议记录中以供参考。

第六章 亚太经合组织成员体农产品贸易分析

第一节 中国与 APEC 成员体开展农业贸易的意义

农产品贸易是世界各国和各地区之间重要的产业交流形式，也是亚太经合组织重点关注的行业领域。根据不完全统计，2013 年，亚太经合组织的主要成员体粮食产量约占据世界粮食总产量的 51%，这与 APEC 成员体的占地面积基数有很显著的关系；此外，为保证 APEC 成员体的数量庞大人口的粮食安全，该地区粮食产量需求量较高。据统计，亚太经合组织主要成员体粮食对外贸易额占世界粮食贸易额的 32%，比例非常高。因此，加强亚太经合组织成员体在农业领域的贸易和投资合作对保障 APEC 地区乃至全球的粮食安全具有重要的意义，对于促进地区和世界农业发展起到重要的作用。中国是世界人口第一大国，也是粮食供应消费大国，保证中国粮食安全是第一要务。随着中国农业领域的发展和农业研究的深入，中国粮食的自给率一直保持在较高水平，粮食安全得到有力保障。中国粮食供需总量基本持平，但是结构性不平衡仍然存在，农业发展的经济和生态环境成本相较于其他 APEC 成员体仍然较高，农业耕作精细化程度不高。因此，从国际合作角度，进一步改革农产品进出口贸易结构，通过参与国际市场调节粮食结构性富余和短缺，调整国内农产品种植和供应数量，进而保障我国粮食安全是今后一段时期的重要任务。

APEC 各成员体在农产品贸易领域各有特点，结构互补性强，农业进出口合作领域广泛。但是，与其他 APEC 的合作机制相比，农业合作机制还有待于进一步完善，如粮食安全政策伙伴关系、农业技术合作工作组等相关论坛还需进一步加强务实合作；在国际粮食和农业领域的重大问题上，亚太经合组织成员体的农业合作机制在政策交流和立场协调方面有待进一步强化。亚太经合组织的机动性和渐进性考虑到不同成员体的市场反应能力，各成员体推进进度不统一，还需进一步协调，在建立公平稳定的农业贸易秩序，建立农业投资自由化标准等方面长期持观望态度，使得亚太经合组织农业贸易自由化进程缓慢。

科技交流是农业贸易发展的重要支撑途径。APEC 需要进一步加强与亚太经合组织成员体间的农业科技合作：一是加强发展中成员体与发达成员体在农业科技成果转化、农业技术研发创新、农产品加工、生物技术开发等方面的技术合作和经验分享；二是缩小发展中成员体与发达成员体在标准体系完善、生产集约化、农场规模化、农业现代的技术差距，完善农业科技成果转化标准体系，促进 APEC 地区农产品贸易转型；三是加强各成员体在发展农业科技、绿色农业方面的积极性。目前，中国的农产品贸易竞争优势仍然在资源或劳动密集型领域，如何进一步加强中国的农业科技研发能力，加强农业科技领域提高应对气候变化的能力，提高防灾减灾能力、提升农业生产水平和粮食安全保障水平仍需开展进一步的工作。

通过分析中国与 APEC 主要成员体农产品贸易，针对存在的问题，提出促进中国与 APEC 主要成员体农产品贸易的建议。本章将在农产品进出口概况、中国与各大洲农产品贸易情况分析和分类别进出口情况概述三个方面进行阐述，通过这三部分的分析提出对中国对 APEC 地区农业贸易发展的愿景。

第二节　中国农产品进出口统计分析

近年来，随着人口的增长和城市化进程的加快，中国农产品贸易流量和结构发生了很大变化。如何根据需求安排农产品进出口贸易，充分发挥中国农产品的比较优势，提高中国农产品出口竞争力，对于提高农民收入水平，促进农业经济乃至国民经济的发展具有重要意义。工业现代化进程的加快和现代科学技术的发展，极大地促进了全球经济的发展。随着经济的发展和人口的不断增长，粮食消费需求的升级和农业贸易自由化的推进，农产品贸易在世界范围内发挥着越来越重要的作用。自从中国加入世贸组织，作为一个农产品生产和消费大国，中国市场正越来越受到全球各国和地区的关注。

一、中国农产品进出口概况

随着中国农产品进出口贸易的快速发展,农产品进出口总额的增长为经济的平稳较快发展做出了积极贡献。但是,由于我国土地资源有限,人口数量较多,农业发展相对粗放,农产品整体缺乏国际竞争力是不争的事实。进入21世纪之后,随着海关关税的降低、非关税措施的取消和市场的开放,中国农产品已经受到海外物美价廉农产品的威胁。根据商务部外贸司的数据,到2019年,中国农产品进出口总额为2 284.3亿美元,受资源禀赋、农业机械化和产业化水平等因素的影响,中国长期处于贸易逆差地位。

图6-1为2018年1月至2019年12月中国进出口走势,2018年2月和2019年2月中国农产品进出口额下降的幅度相较于其他时段较多。2009年1—12月,中国农产品进出口同比增长5.5%,进出口增长明显,农产品国际贸易活跃,有较大的发展空间。从2019年1月至12月,中国农产品出口785.7亿美元,同比下降0.9%,出口下降幅度较小;同期,中国农产品进口1 498.5亿美元,同比增长9.3%;农产品贸易逆差712.8亿美元,同比增长23.3%,逆差显著(表6-1)。

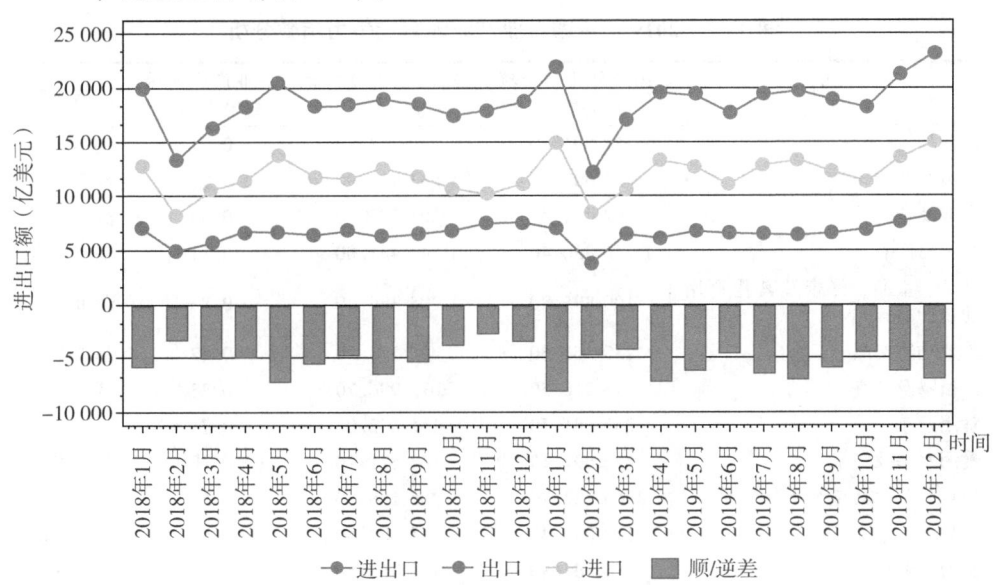

图6-1　2018—2019年中国每月进出口额

资料来源:商务部对外贸易司;单位:百万美元

表 6-1 2018—2019 年中国农产品进出口情况总览　　　　　单位：亿美元

项目	农产品进出口总额	农产品出口额	农产品进口额	贸易逆差额
2018 年	2 164.7	793.2	1 371.5	578.3
2019 年	2 284.3	785.7	1 498.5	712.8
同比增减	+5.5%	−0.9%	9.3%	23.3%

资料来源：商务部对外贸易司。

应用农业产业国际竞争力指数反映农业国际竞争力的水平，农业产业国际竞争力指数 P =（农产品出口额−农产品进口额）/（农产品出口额+农产品进口额）。农业产业国际竞争力指数都在 −1 和 1 之间；当指数为 −1，表示该产业只进口不出口，越接近 −1，表示竞争力越弱；指数为 1 时，表示该产业只出口不进口，越接近 1，表示竞争力越强；指数处于 0.5~0.8 表示产业安全，−0.5~0.5 表示产业基本安全，−0.8~−0.5 表示需要考虑进一步发展加强，−1.0~−0.8 表示产业亟须着重关注；该指数排除了经济扩张和通货膨胀等宏观经济因素的影响。通过计算可知，中国 2019 年农业产业的国际竞争力指数总体均基本在安全区间，但具体到不同的门类，情况差别较大（表 6-2）。

表 6-2 2019 年中国农业产业国际竞争力指数分析

类别	2019 年出口金额（万美元）	2019 年进口金额（万美元）	农业产业国际竞争力指数	评估情况
活动物	51 001.80	49 753.50	0.01	基本安全
畜肉及杂碎	21 609.00	1 681 933.90	−0.97	着重考虑
禽肉及杂碎	62 491.40	201 305.00	−0.53	需要考虑
水、海产品	1 246 836.40	1 541 451.00	−0.11	基本安全
乳品、蛋品、蜂蜜及其他食用动物产品	109 395.80	1 205 386.40	−0.83	着重考虑
其他动物产品	239 361.60	85 573.00	0.47	基本安全
活植物及花卉	43 216.50	26,996.70	0.23	基本安全
食用蔬菜	1 032 681.50	156 642.00	0.74	安全
食用水果及坚果	622 697.10	1 165 472.10	−0.30	基本安全
咖啡、茶、马黛茶及调味香	363 322.70	95 158.30	0.58	安全
谷物	112 094.40	505 409.40	−0.64	需要考虑
制粉工业产品	83 864.30	132 162.80	−0.22	基本安全
油料、工业用或药用植物、稻草、秸秆及饲料	287 494.60	4 007 672.40	−0.87	着重考虑
植物液、汁	155 602.70	41 252.30	0.58	安全

（续表）

类别	2019 年出口金额（万美元）	2019 年进口金额（万美元）	农业产业国际竞争力指数	评估情况
编结用植物材料	12 976.30	14 366.30	-0.05	基本安全
动植物油脂及其分解产品	118 844.80	993 193.10	-0.79	需要考虑
肉类制品	174 378.00	5 208.00	0.94	安全
水产品制品	749 637.40	34 109.90	0.91	安全
糖及糖食	186 136.70	160 320.40	0.07	基本安全
可可及其制品	39 929.40	81 104.90	-0.34	基本安全
谷物、粮食粉、淀粉制品、糕点	167 006.50	136 588.20	0.10	基本安全
蔬菜、水果、坚果等制品	783 909.00	154 095.80	0.67	安全
杂项食品	398 674.20	378 115.80	0.03	基本安全
饮料、酒及醋	209 081.20	581 576.90	-0.47	基本安全
食品工业的残渣、废料、配制的动物饲料	280 883.80	397 161.50	-0.17	基本安全
烟草及其制品	141 972.80	189 437.00	-0.14	基本安全
其他农产品	162 093.20	964 027.90	-0.71	需要考虑
*禽类产品	293 738.60	235 191.40	0.11	基本安全
*畜类产品	316 037.30	3 333 367.00	-0.83	着重考虑

注：资料来源于商务部对外贸易司。*表示此项为专项统计。

二、中国畜产品进出口概况

中国畜产品的进口量远多于相应的出口量，对进口畜产品的依赖程度很高。畜类一般指哺乳动物，常见的畜类是家畜，如猪、牛、羊、马、骆驼、兔子等。这些畜类主要喂养方式有家养、圈养、饲养、放牧等，一般做成食物、用于劳动、生产毛皮等。中国畜产品需求不断增长，国内供需缺口较大，每年约 500 亿美元贸易逆差，牛、羊、猪肉进口量逐步增加（表 6-3）。

表 6-3　中国畜牧产品进口情况

商品名称及进口来源	2019 年		2018 年		同期比（%）	
	数量（吨）	金额（万美元）	数量（吨）	金额（万美元）	数量	金额
牛肉及其副产品	1 686 344.80	833 243.80	1 062 811.10	488 856.10	58.7	70.4
1 巴西	399 461.70	209 339.10	322 692.70	152 194.50	23.8	37.5
2 澳大利亚*	314 207.70	179 199.40	178 468.70	101 885.10	76.1	75.9

(续表)

商品名称及进口来源	2019年		2018年		同期比（%）	
	数量（吨）	金额（万美元）	数量（吨）	金额（万美元）	数量	金额
3 阿根廷	375 537.50	178 458.40	180 376.90	78 687.30	108.2	126.8
羊肉及其副产品	397 944.90	188 574.40	323 856.40	132 532.20	22.9	42.3
1 新西兰*	212 991.70	105 921.50	185 987.70	82 108.30	14.5	29.0
2 澳大利亚*	175 616.10	78 383.40	132 672.60	48 345.80	32.4	62.1
3 乌拉圭	6 410.90	2 816.70	3 347.70	1 313.40	91.5	114.5
猪肉及其副产品	3 010 857.70	637 544.80	2 139 380.90	359 071.10	40.7	77.6
1 西班牙	526 684.50	120 913.10	328 640.70	56 934.90	60.3	112.4
2 德国	491 956.40	99 051.40	360 670.30	60 416.50	36.4	63.9
3 美国*	417 980.50	78 045.80	262 644.30	47 293.80	59.1	65.0

注：资料来源于商务部对外贸易司。*表示是亚太经合组织成员。

牛、羊、猪肉及其副产品是常见的畜产品，也是大宗进口商品。根据上表显示，中国进口的牲畜和肉制品种类繁多，其中约一半来源于APEC成员体，尤其澳大利亚是中国牛肉和羊肉进口大户。由于牲畜消费量巨大且高度依赖进口，因此，改善内部供给显得尤为重要；如畜牧业的发展基础设施引起了决策部门的高度重视。乳制品、鸡蛋、蜂蜜等食用动物产品贸易逆差约110亿美元，为了减少贸易逆差，一方面要扩大牲畜的规模，另一方面要提高国内农产品加工水平，增加先进技术在乳品生产中的应用，有效地提高乳品的综合质量产品，为乳制品企业带来更高的经济效益，促进乳品的发展。当前，中国经济总体水平大幅提高，食品工业取得了长足的进步，也使公众更加重视食品安全，对食品质量提出了更高的要求。

在现代乳品生产中，应用高新技术对乳制品进行有效处理，可以全面延长乳制品的贮存寿命，进一步提高乳制品质量；技术人员应采取有效措施，保证乳品加工效率的提高，为乳品业的健康持续发展打下坚实基础。食用动物产品的质量安全关系到畜牧业的持续健康发展和公众健康，公共卫生安全、农民增收、社会和谐稳定责任重大，使命光荣，受到全社会的广泛关注。实践证明：追溯体系是提高畜产品质量安全的科学有效的方法；如何建立和完善具有先进水平的食用动物产品质量安全控制和追溯技术，已摆在管理部门面前。开展食用动物产品质量安全控制和追溯技术研究不仅是促进现代社会健康发展的客观要求，也是关系经济社会发展和公众生命健康安全的重大事件。

传统的乡镇畜牧业在发展过程中，由于缺乏专业化的产业结构和体系，整体发展状况缺乏规范化和专业化，造成发展速度缓慢，发展水平低，不利于乡镇畜牧业的长远、快速发展。随着中国经济日益强大，乡镇畜牧业也取得了较好的发展空间。针对畜牧业产业发展的不足，中国畜牧业制定了明确的发展目标和推进战略，进一步提升了畜牧产业化水平。未来，中国畜牧业的发展可以进一步明确远期规划：一是可以调整畜牧业产业结构，科学合理划分养殖区，根据不同城镇的实际发展情况选择具有特色和优势的典型产品，从而带动乡村振兴以及缩小城乡差距；二是全面改善畜牧业的养殖条件和收购政策，引进先进的育种技术和方法，改善落后的养殖方式，关闭或改造不合格的散养场，实现畜牧业集约化、标准化、专业化。

科学技术在促进农业发展和进步过程中发挥着巨大作用。为了发展村镇畜牧业，要借力科技，依靠先进的科学技术解决发展过程中遇到的问题，激发畜牧业的发展潜力。特别是要在畜牧业育种方面加强科学技术的含量，以提高品种培育的科学性。养殖场以采用机械化为代表性的措施可以促进提高肉类产品的质量，实现大规模农场化和科学化养殖，进而提高乡镇畜牧业的整体技术水平。在城乡开展科技培训，提高科技从业人员的科学和技能，使他们能够合理地应用科技发展生产畜牧业，显得尤为重要。在发展畜牧业的过程中，加大科技投入，有利于实现区域生产效益最大化，提高整体建设水平：建立健全科技援助和动物技术推广体系，提高乡镇养殖园专业技术人员的积极性和规范性，营造良好的环境生产；通过技术引进，把海外一些发达成员体的优秀经验引进中国，根据中国实际情况进行调整和落实，使之更符合中国的发展需要；在城乡建立专业的信息机构和服务小组，为农民提供技术和商业指导，实现高效畜牧业，提高中国畜牧业整体技术水平。

三、中国油类及其他农产品进出口情况

中国油料、工业用及药用植物、稻草、秸秆及饲料的贸易逆差约为370亿美元，这些产品包含成分更复杂的副产品。中国紧紧抓住落实《亚太经合组织自由贸易协定》的机遇，掌握主动，优化和调节不同的谷物储备结构，增加油料及其他农产品等作物储备；同时，统筹运用金融、产业规划等手段，逐步增加国内市场供应。继续促进可食用植物油生产的发展，推进农业供给

侧结构改革，继续调整优化国内基础设施，乡村发展与扶贫相结合，特别是大力发展粮食种植业，努力扩大油料等作物种植面积，充分利用各项融资渠道，大力支持农业产业化主体事业和创新型企业，支持农业产业化和技术创新龙头企业做大、做强，对于中国油类产业大有裨益。

表6-4 中国菜籽油和饲料用鱼粉进口情况

商品名称及前三大市场	2019年 数量（吨）	2019年 金额（万美元）	2018年 数量（吨）	2018年 金额（万美元）	同期比（%）数量	同期比（%）金额
菜籽油	1 614 667.40	132 592.60	1 295 497.30	108 268.30	24.6	22.5
1 加拿大*	963 320.90	78 408.40	1 127 075.60	93 786.30	-14.5	-16.4
2 俄罗斯*	152 789.70	12 693.20	81 052.90	6 525.20	88.5	94.5
饲料用鱼粉	1 418 621.00	196 979.30	1 460 643.70	222 080.10	-2.9	-11.3
1 秘鲁*	770 595.60	114 052.60	784 361.80	123 499.40	-1.8	-7.6
2 越南*	122 725.00	13 269.10	131 591.40	16 538.70	-6.7	-19.8
3 俄罗斯*	72 922.10	9 738.80	65 848.70	9 789.80	10.7	-0.5

注：数据来源为商务部对外贸易司。* 表示其为 APEC 成员。

充分发挥与亚太经合组织成员体的合作潜力，进一步巩固和发展亚太经合组织成员体之间的农产品贸易，有利于进一步巩固和发展亚太经合组织成员之间的经济互利。

第三节　中国与 APEC 各成员体农业贸易典型案例介绍

农产品贸易不仅是各成员体之间的产业交流，更是亚太经合组织合作的重要领域。据统计，2013 年 APEC 主要成员体的粮食产量在世界粮食总产量占比过半，达到 51%。这些成员体本土面积是一方面优势，人口总数也较为庞大，因此，其粮食需求量较高；这些成员体的粮食对外贸易额占比也相对较高，达到 32% 左右。APEC 地区农产品互补，扩大粮食贸易对于该地区粮食安全意义非凡，各成员体在农产品贸易间加大合作对于 APEC 地区的农业经济发展至关重要。以下就中国和美国、俄罗斯、澳大利亚等主要成员体之间的农产品贸易概况进行介绍。

一、中美农产品贸易分析

中国和美国都是生产主要粮食作物和肉制品的大成员体,两者的农业发展情况有异有同,这是由于两国广阔的土地、适宜农业生产的自然环境条件及农业发展的不同阶段决定的。农业作为世界第一产业,也是APEC各成员体经济发展的基础,影响甚至决定一个成员体的政治、经济等各行各业,因此,中美双方对农业问题都非常关注。虽然中美都是农业大成员体,但是各自仍有不足之处,所以双方在农业生产方面相互补充,贸易往来也发展很快,但带来的问题和摩擦也愈发增多,双方采取的制裁等措施也屡见不鲜。美国针对中国农产品出口的技术标准十分严苛,而且有不断提升的趋势;随着这些制裁或者限制的增多,中国所面临的出口问题和贸易壁垒也越来越多,一些农产品在美国海关也遇到各种限制;此外,中国要面对美国反倾销和反补贴调查。

中美一直保持着相对较好的农产品经贸关系,受益于世贸组织在关税消减方面的兑现,中国加入WTO之后,中美之间的农产品贸易不断扩大,规模也与日俱增。2002—2012年,两国的农产品贸易额从43.47亿美元飞速扩大到359.1亿美元,在这期间,两国之间的进出口比例也不断提升,从14.3%扩大至20.4%。美国向中国大量出口农产品;与此同时,中国也向美国出口农产品,且出口额与日俱增,美国已经成为继日本、东盟以及欧盟之后的中国农产品第四大出口目的地。

中美的农产品贸易并非一帆风顺,也呈现出波动增长的趋势。从1997—2017年,双方的贸易总额整体呈上升趋势,由最初的23.28亿美元增加到后来的297.86亿美元,增幅高达13倍,达到年均增长13.35%的增速;中国对美国的农产品贸易出口额也呈现增长的趋势,由1997年时的8.16亿美元发展到2017年时的75.76亿美元,不过增幅较小,年均增长率约11.78%。但是,中国对美国的进口额是先增后减的趋势曲线,1997年时为15.42亿美元,到2012年为359.1美元,2014年时达到257.66亿美元,后在2017年降为219.3亿美元,年均增长14.31%。同时,双方之间的贸易逆差发展趋势也大致相同,从1997年的6.96亿美元增至2014年的184.42亿美元,到2017年又降低至143.74亿美元,年均增长16.35%。这一现象表明在双方农产品贸易方面,中国对美国的出口竞争力不断提升,对其需求的程度在不断减小,双方农产品贸易螺旋式上升。

二、中俄农产品贸易分析

俄罗斯是中国第十五大农产品贸易伙伴,中俄农产品贸易近年稳步增长。俄罗斯在中国农产品出口中排名第八,中国和亚太经合组织对俄农产品出口略高于进口,占农产品贸易总额的58%,进口占42%。中国主要出口水产品、水果和蔬菜,主要从俄进口水产品。双方农业合作机制主要是中俄总理定期会晤机制委员会框架下的中俄农业合作分委会的会晤。

2002—2013年,中国与俄罗斯之间的农产品贸易额不断增加。2002年中国对俄罗斯的出口额为4.4亿美元,2007年突破10亿美元大关,2013年已高达19.85亿美元,增长率高达38%。同时中国对俄罗斯的农产品进口也不断增加,2002年为6.77亿美元,2005年突破10亿美元,2013年增至15.71亿美元,增长率也达到35%。据统计,中国对俄罗斯出口量排名前三位的是番茄酱罐头、蘑菇罐头、苹果以及烤鳗;2014年1月,中国对俄罗斯的番茄酱罐头出口量为8 428.9吨,总金额927.4万美元,同比增长58.9%;蘑菇罐头出口量为5 852.3吨,同比增加19.5%;苹果和烤鳗的出口量呈下降趋势,2013年1月中国对俄罗斯的苹果出口量为12 929.4吨,同比下降9.5%,烤鳗出口量为327.2吨,同比下降17.3%。中国从俄罗斯进口主要农产品为冻鱼、锯材以及原木,2014年1月冻鱼进口量为61 648.7吨,同比下降43.4%,锯材进口量为354 303.2吨,同比增加27.1%,原木进口量为833 617.2吨,同比增加23.7%。这些数据表明,中国出口俄罗斯的农产品多是水果、蔬菜类的园艺农产品,这些是俄罗斯市场需求量大,但是受气候等因素限制生产较为困难的农产品。中国从俄罗斯进口的农产品大多是渔业以及林业产品,中国在森林资源方面需求巨大,但是资源量有限,对原木等产品的需求与日俱增,俄罗斯资源丰富,可以满足中国的市场需求。中国对渔业产品需求量大,刺激了俄罗斯渔业经济的发展。从总体来看,双方农产品呈现互补态势。

近年来,中国和俄罗斯在农产品贸易方面的发展势头良好,但中俄农业贸易规模偏小、水平低、不规范等问题仍然较多。在中国和俄罗斯之间农产品贸易额占双方贸易总额中的比例偏小,且增长相对较慢,甚至下降,2002年该比例为9.37%,到2013年占比仅3.98%,下降了约1.4倍。中国向俄罗斯出口农产品总额相对双方农产品总出口额比例较低，从2003年1—11月，中国与俄罗斯农产品进出口额为1 668.9亿美元，但中国出口额仅为607.0亿美元，因此，中俄之间农产品贸易平衡问题亟须研究和改进。

三、中澳农产品贸易分析

澳大利亚是亚太地区主要的农业生产和农产品出口成员体，农业在国民经济中占有重要地位，是澳大利亚的重要支柱产业之一，其中60%以上的农产品出口到国际市场。中国已成为澳大利亚农产品最大的海外市场。2015年，中澳签署《中澳自由贸易协定》，进一步推动双方农产品贸易发展。中国主要向澳大利亚等大洋洲成员体进口农产品，占双方农产品贸易总额的89.5%~97.5%，进口农产品包括畜产品、乳制品、水产品等。近年来，特别是中澳自贸协定正式生效以来，澳大利亚大量优质农产品出口到中国，中国农业企业纷纷到澳投资。双方在农业领域优势互补，合作潜力巨大。

据世界贸易整合解决方案（World Integrated Trade Solution，WITS）数据库统计，2007—2015年澳大利亚对中国的谷物出口增长迅速，出口额在2007年为1.52亿美元，到2015年达21.49亿美元，增长了近13倍，年均增长达39.25%。自2015年以来，澳大利亚对中国的谷物出口规模发生了巨大变化，规模大幅下降，在2015年为21.49亿美元，到2016年下降至12.67亿美元。中国向澳大利亚出口谷物，除2008年，总体稳定在0.2亿美元左右，出口规模很小；2008年，出口量达到峰值，为0.77亿美元，增长227.27%。

与澳大利亚相比，中国一直处于贸易逆差地位，且逆差额在不断增长，由2007年的1.5亿美元增至2017年的18.78亿美元，其中2015年逆差额达到峰值21.48亿美元。中澳之间的贸易额不断增长，逆差也不断扩大。从粮食出口额占农产品的出口总额比例来看，2007—2017年，澳大利亚对中国的粮食出口额平均占其对中国农产品出口总额的17.22%，中国对澳大利亚的粮食出口额平均占对其农产品出口总额的0.3%，差距显著。

依据WITS数据库统计，中国向澳大利亚的谷物出口主要是大米，占中国对澳大利亚谷物出口总额的32.19%；木薯和甘薯以及大豆分别在中国对澳大利亚的谷物出口量中排名第二和第三，前三名的谷物出口占中国对澳大利亚谷物出口贸易总额的比例为79.99%。至于进口，其结构相对简单，中国进口澳大利亚的谷物产品主要是粮食作物，仅大麦就占中国从澳进口谷物总量的

68.26%，另外两个作物是小麦和燕麦，这三种作物占中国从澳大利亚进口谷物总量的95.41%。从总体来看，中澳粮食贸易的特点是贸易规模不断扩大，贸易逆差不断扩大，贸易结构呈现多样化态势。

四、中日农产品贸易分析

从唐代开始，中国就与日本进行友好的贸易交往。作为中国重要的贸易伙伴之一，中国与日本在地理位置上有开展贸易的优势，随着长期文化交流，双方居民的消费偏好也彼此影响，推动了双方农产品贸易的发展。20世纪90年代，中国经济进入发展关键期，日本也处于经济发展辉煌时期，双方开展了大量的农产品贸易。中国是日本农产品的第二大进口来源地，主要出口水产品、畜产品、粮食、蔬菜、水果。中日双方在自然资源方面以及生产技术等领域可以实现互补，促使双方贸易互动。1992年，中日贸易总额为254亿美元，占当时中国进出口贸易总额的15.35%；2016年，中日贸易总额为2 750亿美元，年均增长率大于10%。中国对日本的农产品贸易出口额达到中国农产品总额的25%，农产品贸易成为双方贸易必不可少的组成部分。

自2004年以来，中国和日本农产品贸易规模呈上升趋势，在2004年农产品贸易额为76.85亿美元，2016年增长至107.88亿美元，中国对日本的农产品出口均保持稳定增长趋势。此外，双方农产品贸易的另一个重要特点是中国对日本的贸易顺差过大，其原因是日本地域狭小，资源匮乏，人口众多；日本始终依靠进口农产品来满足国民生活的需求。中国幅员辽阔，农产品丰富，中日地理位置较近，中国农产品出口日本的条件十分优越。最近几年，中国对日本的农产品出口大幅增长，但中国对日本的农产品出口额占出口总额的比例呈现出下降趋势，其主要原因是在连续多年贸易逆差的不平衡状况下，日本加强了对农产品的保护，并通过关税和非关税壁垒，对中国对日农产品出口造成了负面影响，从而阻碍了双方农产品贸易的增长。

五、中韩农产品贸易分析

韩国是中国农产品的第四大出口市场，中国是韩国农产品的第二大出口市场。自中韩建交之后，双方商贸沟通不断加强；到2015年时，中韩年均商贸增幅高达21%。伴随着自由贸易协定的生效，2015年底，中韩贸易总额达52.04亿美元，2016年为56.71亿美元。韩国对中国的贸易总额处于逆差地位，但总贸易额持续增长，中国对韩国保持贸易顺差地位，且年顺差呈现增长态势。近年来，中国对韩国的农产品出口比例有所下降，但2016年时出现反弹迹象，中国对韩国的主要农产品出口占中国农产品亚洲地区出口总额的50%以上。中国农产品出口市场主要是在亚洲、欧洲以及北美，且亚洲是重中之重，韩国因此也成为中国长期重要的贸易伙伴。

六、中国与亚太其他成员体贸易分析

亚太经合组织的7个东南亚成员体也是东南亚国家联盟成员，是亚太经合组织地区重要的"次区域经济圈"。中国非常重视与东盟成员在APEC成员体中的贸易往来。中国-东盟自由贸易区是发展中成员体最大的自由贸易区，东盟是中国第二大农产品出口目的地，也是最大的农产品进口来源地。中国主要从东盟进口天然橡胶、棕榈、木薯、剑麻和热带水果，主要出口水产品、畜产品和粮食。在中国-东盟自由贸易区框架下，中国与泰国、印尼签署了农业合作协议，与马来西亚和越南建立了相关合作机制。

第四节 中国参与APEC农产品贸易的展望

作为人口和农业大国，中国土地和水资源的短缺制约着农业生产，这是造成农业贸易逆差的重要原因。从农业资源供给角度分析，工业化和城镇化加剧了土地资源和水资源的紧张，部分地区建设用地占用农村耕地，沙漠化使耕地资源减少得更加剧烈。从农产品需求角度分析，随着中国经济的快速发展和公众生活水平的不断提高，国内市场消费能力和购买力的加强，食品加工过程中和产后浪费现象依然严重。此外，中国农产品在价格、质量、外观、包装、销售等方面与美、澳等农业发达成员体有一定的差距。农业技术的开发和应用还存在一些不足，农业集约经营、农业生产组织、农业基础设施、农业服务组织体系、农业生产者素质、生态环境和农业资源保护还有较多挑战。

中国农产品贸易政策的目标是增加农民的收入，解决国内供给不足的问题；中国参与APEC农产品贸易为解决这些问题提供了机遇，同时，也面对挑战。这要求中国快速发展自身的农业产业，特别是随着城镇化进程的加快，农村居民收入的增长主要依靠人口转移、产业改善和现代农业发展。中国需

要学习APEC各成员体的成功经验，解决发展中的问题：加快中国农产品产业组织建设，合理整合分散经营企业，建立有效的产业经营体系，提高农产品质量，防止农产品价格不正当竞争，实行对外统一的产业政策，形成代表中国企业的力量；同时，还要解决土地资源紧张进一步加剧、土壤沙漠化、水资源不足、农产品贸易逆差巨大等挑战。

中国参与APEC合作，加强农产品贸易需要完善现有合作机制，创新双边合作模式，通过推动现有亚太经合组织合作机制稳步向前发展。中国优化农业贸易结构的方法包括与APEC成员体进行更多的互补性贸易，努力提高比较优势不明显的农产品竞争力，扩大其效益，大力发展不同地域的农业优势，改善农产品的效益和农产品结构类型。中国要充分重视发挥与亚太经合组织成员体在农业合作领域已有的基础上，加强在农业贸易投资等领域的全方位务实合作，丰富双边合作内容。随着中国农业对外开放程度不断提高，与世界市场接轨程度显著加快，农产品贸易在调节逆差方面仍有很长一段路要走，这需要在保障供给过程中发挥比较优势，优化资源配置提高农产品的自给自足程度，减少对农产品的进口依赖。

中国仍需推进农产品贸易自由化，促进农业投资方面的健康发展，促进中国与APEC各成员体之间的农业贸易自由化和投资便利化。在新形势下，需要加强与各成员体在农产品贸易和投资领域的合作，积极应对投机性资本对农产品市场的冲击，推动打造农业投资发展合作平台，推动大型农业企业做大、做强，深化农业产业整合，共同提高农业产业国际竞争力，促进对农业的直接投资，探索发展新农业产业，实施示范合作和技术培训项目。为了促进地区农业投资和农业合作发展贡献更多的力量。

第七章 APEC妇女事业

近年来,随着全球化的深入发展,世界各国、地区之间的经贸往来更加密切,文化交流日益频繁。在和平发展的大背景下,世界经济取得了一系列成就,但也存在一些问题。地区发展不平衡,受教育、参与经济活动等权利分配不公,女性主体意识缺失,这些成为APEC地区发展的挑战。传统的治理体系已经无法适应新形势的变化和发展,如何使女性获得与男性同等的受教育权利,平等地参与到地区社会经济活动中,从而提高女性地位与平等意识,成为APEC地区现阶段实现男女平等重大议题的首要任务。

2019年"妇女与经济增长"成为在智利召开的亚太经合组织领导人非正式会议三大议题之一,妇女议题首次成为APEC会议主要议题。在2019年APEC女性领导力论坛上,参会各方旨在将最具影响力和代表性的女性团结起来,增加女性在经济和国际贸易中的参与度,为全球经济发展贡献智慧。

第一节 APEC地区妇女参与经济活动的情况

目前,APEC地区的妇女仍然比男性参与劳动的程度低,不论是参与工作的机会,还是参与工作后面临失业的风险,女性都处于相对劣势地位;且女性从事的工作也更有可能无法得到劳动法规、社会保障条例和相关集体协议的保护。

一、APEC地区男女劳动参与率的差别

在全球范围内,15岁及以上的男性和女性的劳动参与率持续下降,该数字在2018年为61.8%,比过去10年下降了1.4个百分点。男性参与率的下降速度比女性快。由于青年的教育参与度和与之相对的老年人退休后的选择都发生了变化,这些趋势反映出生命周期中的不同模式,在全球范围内,男性平均参与劳动力市场的包容度远高于女性。

当妇女工作时，经济增长更快，但在全球范围内，从事正规就业的妇女比男子少7亿人，妇女在亚太经合组织区域内的劳动力参与面临不平等和障碍等问题。据估计，通过消除阻碍妇女在某些部门或职业工作的障碍，可以使全球劳动生产率提高25%。在东亚和东南亚，研究表明：如果男女在劳动力市场上从事获得相同的待遇，GDP将增长30%。促进妇女参与更公平和更具包容性工作的改革，将会产生更广泛的经济回报。

虽然增加法律保护可以促进妇女参与劳动力市场，使其留在正规部门的劳动力队伍中，并使女性在职场锻炼中得以进步，但法律也可能禁止她们进入劳动力市场。法律、政策和法规可以影响妇女从第一次申请工作到其退休，也可以影响妇女的就业前景、经济决策、收入潜力、职业发展、平衡工作和家庭的能力以及各种人身安全环境。

二、就业和薪酬歧视

在雇用、晋升和解雇方面的性别歧视成为妇女获得工作或晋升的障碍，这也促使了职业隔离和妇女在低收入部门更高的集中度。在没有保护妇女不受性别歧视的情况下，雇主在做出招聘决定时可能会产生偏见，这对妇女造成了一定程度的负面影响。尽管亚太经合组织有18个成员体禁止解雇孕妇，但怀孕或有孩子的妇女往往会受到不同程度的歧视，因为雇主会认为她们的工作效率、可利用性和持续工作的可靠性都较低。为了消除这种偏见，政府可以制定或加强立法，而雇主、包括政府、企业、工会和非政府组织，可以制定和执行创新的规则和政策，以减少和消除这种性别歧视。

妇女的平均工资普遍低于男性，虽然亚太经合组织一些成员体在实现同工同酬方面取得了进展，但男女工资差距仍然是一个社会问题。迄今为止，关于同工同酬的许多立法和数据没有考虑同工同酬或职业隔离，而是侧重于宏观经济平均工资，不允许跨公司或行业进行工资比较。此外，有孩子的女性因为带孩子的需求往往被不公平地视为不可靠或不忠诚的职员，因此，雇主在许多情况下选择给她们更少的工资。目前，只有7个APEC成员体有法律或法规保障男女同工同酬。为了更好地解决同工同酬问题，各成员体应该修改和扩大现行法律和条例，以解决妨碍平等的诸多限制。

三、监管性的就业限制

阻碍妇女就业的一些最明显的结构性障碍是法律和条例,这些法律和条例直接禁止妇女在特定行业工作、上夜班或担任社会认为"不适当"的职位。对男子就业没有此类限制;这些限制完全是基于性别的,而政府规定的这些限制往往通过引用有关社会规范或保护妇女健康和安全的声明来证明其合理性,这些限制对妇女的职业选择产生了深刻的负面影响。这些禁令一旦颁布,就剥夺了妇女选择自己喜欢的职业道路的能力,并使两性不平等长期存在。同样,仅限于男性雇员的工作场所和职位也无法从妇女的独特贡献中获益。此外,许多受限制的职位都在高增长、高工资的部门,从而限制了妇女赚取有竞争力工资的能力。这些歧视性规定导致工作场所效率下降,妇女获取的就业机会减少,性别差距制度化。此外,这些限制可能导致意外的负面后果,如劳动力短缺等。如果妇女无法参与具体的工作,可能导致劳动力市场供求关系的变化,从而使受过工作所需的技能培训的合格人员匮乏,例如,在许多 APEC 成员体中,法律限制妇女从事与运输有关的工作,但许多成员体由于劳动力老龄化而面临货运司机短缺的问题,妇女被限制从事相关工作无法抵消由此造成的劳动力短缺。综合 APEC 地区妇女被限制职业的情况,可以归纳为以下四种合法就业限制:一是有关家庭的民法中规定的有关限制;二是限制妇女白天工作时间的法规,如为防止妇女权益受到伤害限制妇女上夜班;三是禁止从事"危险的、艰苦的或道德上不适当的"工作,例如重型机械操作;四是以行业类型划分为基础的限制,包括采矿业、建筑业、制造业、能源、水、农业和运输业等。

四、职业标准障碍

职业标准,即为特定行业或职位获得的许可证或证书,是进入和保留各种职业所必需的证件,其目的是保护公共安全和为消费者提供质量保证。在大多数有执照和证明的职业中,没有政府或附属专业协会的执照或证书而有偿工作是违法的。涉及重大教育的职业,如医学、会计、工程和法律,往往需要职业执照。然而,数百个适合教育程度有限的人进入或重新进入劳动力市场的职业通常也需要职业执照,如化妆师、美甲师、按摩师、校车司机、教师助理、运动教练、室内设计师、家庭娱乐安装工、景观承包商和木匠等。

许可证要求由职业法或地方条例出台才有效,这些条例规定入学考试、获得许可证资格的最低培训学时、学徒期、持续教育时间以及毕业考试以保持许可证的有效性。

关于对妇女使用职业标准以及与职业标准有关的障碍,特别是执照和证书方面的障碍,很少有结论性的研究。亚太地区的许多行业都需要职业执照和证书,这些执照和证书旨在保护公共安全,为消费者提供质量保证。很多成员体可能会为妇女进入持牌职业设置障碍,监管机构和"看门人"可以根据自己的偏见采取行动,有目的地或无意识地歧视妇女进入。妇女一旦获得执照和证书,也可以为其就业带来好处,因为它们可以作为招聘中的"就业门槛信号",有助于消除不确定性、偏见或歧视,还可以减少性别工资差距。对APEC成员体的相关议题研究有助于缩小性别工资差距,了解职业执照对男女的不同影响以及职业执照改革对妇女进入劳动力市场的影响。

五、对妇女产后返岗的障碍

帮助妇女重返工作岗位并继续留在工作岗位上的政策可以提高员工留用率、减少离职率和提高生产率。由于大多数APEC成员体不为父亲提供短期的陪产假,因此他们的处境不像母亲的处境(被开除)那样危险。母亲平均享有较长的产假,离岗时间较长,容易被新员工替代。在亚太经合组织的10个成员体中,根据法律规定,母亲在产假后享有同等地位。为确保重返工作岗位的母亲顺利过渡,政策制定者可以借鉴私营部门的创新做法,包括为母亲重返工作岗位做充分准备。政府可以与私营部门一道发挥重要作用,鼓励雇主制定有助于父母重返工作岗位的方案和政策。

政府支持父母兼顾工作和家庭的政策,对于使父母能够重返工作岗位、继续留在工作岗位和提高劳动力水平至关重要,同时也为雇主避免更多的人员流动,从而降低劳动力成本。亚太经合组织18个成员体的法律规定带薪或无薪产假;然而,要求雇主支付产假费用的法规可能会阻碍雇主雇用妇女。各成员体可以发挥引导作用,制定支持性质的儿童保育政策和条例,帮助确保妇女获得儿童保育服务,提供的儿童保育服务质量需要足够高,以便所有人都能负担得起儿童保育服务。政府可以利用四种主要模式来帮助父母抵消儿童保育成本,即政府提供儿童保育、私人儿童保育中心的税收优惠、给予父母非税收福利(如儿童津贴)和父母对儿童保育费用的税收减免。政府可以

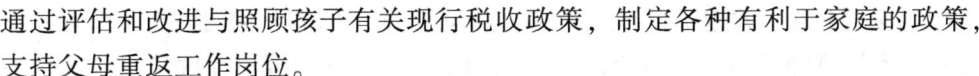

通过评估和改进与照顾孩子有关现行税收政策，制定各种有利于家庭的政策，支持父母重返工作岗位。

六、性骚扰对妇女就业的限制

工作场所和上下班交通工具上的性骚扰在亚太地区普遍存在，并在一定程度上影响到妇女的就业、工作稳定和职业发展。除了性骚扰的隐性成本外，雇主的显性成本还包括法律费用和和解、保险费用的增加、名誉受损、员工生产力和团队绩效下降以及人员流失等。目前，APEC 16 个成员体都有解决工作场所性骚扰问题的立法；然而，只有 4 个 APEC 成员体制定了明确的法律，禁止公共场所的性骚扰，包括上下班的交通工具。政府可以与私营部门合作，确保禁止在工作场所性骚扰的法律和条例有效执行的同时，雇主能够承诺加强内部管理和报告机制。

七、科技进步为妇女就业提供了发展机遇

全球化发展亟待女性力量的平衡，全球化的再平衡需要女性广泛参与，女性将在其中积极发挥好平衡作用。纵观人类发展史，科技革命推动经济全球化经历了三次浪潮，形成各类要素自由流通的世界统一大市场。第四次科技革命以信息技术、网络通信、人工智能、5G 和大数据等技术集群式发展为特征，呈现出智能化、信息化和绿色经济融合发展趋势，深刻改变和重构着人类生活和生产方式，催生出全新的应用场景，拓展着人类想象的疆界，也重塑着新一轮全球科技创新的竞合版图。

全球化力量的再平衡，首先应当关注人的生存和发展，也就是普遍安全和共同发展，当然也包括男女平等同权的均衡发展。人类文明的进步，离不开占人口一半的女性贡献。在科技高度发达的今天，世界已不再是以前那个靠拼体力的世界，今天的世界已是靠学习获取科技和文化的力量，靠头脑和能力赢得社会权利的世界。女性完全能够与男性一样，更加积极而广泛地投身人类共同发展的事业。保障男女平等，最重要的是要充分保障妇女权益，提高妇女政治、经济和社会地位，同时注重女性能够获得与男性同等的教育机会，女性自身也要自信、自强、自立，女性要充分利用自身的聪明才智来为世界贡献自己的力量。

互联网的发展为女性带来了巨大的发展机遇，赋予了女性更多的自主权。

中国互联网发展基金会理事长马利曾表示：目前中国的 8 亿网民中，女性占比 48%，女性已经成为数字时代发展最大的受益者和参与者。在数字时代高速发展的背景下，赋予女性更大的自主权，女性的成长也将迎来得天独厚的条件。

2019 年 7 月 29 日，由中国太平洋经济合作全国委员会指导，北京环亚青年交流发展基金会、亚太青年模拟 APEC 大会组委会、APEC Women Connect 主办的 2019 第十届 MODEL APEC 暨 APEC Women Connect 青年大会在北京顺利闭幕。此次大会围绕"女性与经济"主题，青年代表结合各自成员体发展情况从促进数字化能力建设、加强创新能力、加强国际化发展以及赋能女性创业者等方面展开了讨论并提出亚太地区的合作发展建议，最终形成政策建议文件，为 APEC 后 2020 年愿景提出来自青年的建议。大会吸引了全国 50 余所大学高校及中学的近百名优秀青年代表齐聚北京，深度参与 APEC 议题讨论，发展青年新外交精神，向世界发出青年的声音。活动通过培训、会议、论坛、分享等丰富多样的形式为青年提供进一步了解女性参与经济的情况介绍和平台，赋能年轻女性参与 APEC。

第二节　APEC 成员体妇女参与各领域活动的主要成果及问题

2019 年有关亚太经合组织妇女和经济活动收集的信息显示：在过去 10 年的时间里，妇女获得资本、资产、技术、机构和市场的机会都有了显著和渐进式的总体改善；尽管仍有结构性障碍和政策差距等问题需要解决，鼓励妇女更多地参与经济活动取得了较好的效果。特别是亚太经合组织各成员体采取的措施在以下领域取得了持续向上的业绩或显著的效果：一是在亚太经合组织大多数成员体中，妇女的财产权和继承权体现充分，基本与男子持平。大多数 APEC 成员体都制定了法律，禁止在招聘过程中进行性别歧视、惩罚解雇孕妇的行为以及提供产假；二是自 2013 年以来，亚太经合组织所有成员体的妇女都被允许与男子一样在晚上工作；三是多年来，亚太经合组织成员体的妇女失业率有所下降，尽管是呈现逐步下降的趋势。在贸易包容性方面，中国的公司进入国际市场的机会呈上升趋势，这有利于女企业主和企业家参与国际事务。

在教育程度方面，妇女与男子的差距日益缩小。在大多数 APEC 成员体中，妇女受到法律保护，免受家庭暴力，特别是有专门的法院或审理此类案件的机构可以维权。在亚太经合组织地区，妇女在机构和法院系统中的参与程度历来很高。由于在线服务的可负担性和效率的提高，妇女利用互联网进行交易的情况与男子使用互联网的情况同步上升。除了上述改观外，APEC地区政策差距和结构性障碍仍然存在，限制了妇女的经济参与，具体表现为：亚太经合组织妇女获得信贷的机会受到债权人性别和婚姻状况的歧视的限制；涵盖小额和零售贷款的报告机制普遍不足，这就转化为有关信贷概况和借款人信誉的信息不足，这可能对妇女获得信贷和中小企业业务产生不利影响；多年来，亚太经合组织各成员体的职业发展条件依然薄弱，没有改变，只有不到一半的成员体颁布了诸如保证妇女在产假后重返同等职位、规定男女同工同酬、给予带薪或无薪育儿假、扣除托儿费用的税款等法律和法规；此外，APEC地区育龄妇女（15~49岁）贫血的患病率不断恶化；而政治领导是另外一个妇女参与率较低的领域，在2008—2018年期间，妇女在参政议政者中所占的比例和在最高政治决策层所占人数比例仅为20%~22%。

亚太经合组织妇女和经济活动盘点是一项倡议，旨在通过跟踪一系列指标多年来的变化，提供该区域妇女地位的概况信息，以便衡量妇女参与经济活动以及妇女参与市场的情况。2014年的盘点指标是根据亚太经合组织妇女与经济政策伙伴关系（Policy Partnership on Women and Economy，PPWE）确定的5个优先发展领域：能够获得资本和资产；能够进入市场；加强技能、能力建设和健康；参与领导、发出妇女声音和参与制定机制；参与创新和技术培训。其目标是确定与PPWE优先事项一致的可信的和最新的指标，以便让决策者清楚地了解可获取的机会和普遍存在的差距。该次盘点旨在支持亚太经合组织的性别融合，具体而言，亚太经合组织各工作组可以利用盘点机会，确立贯穿各领域的指标，扩大妇女参与经济的涵盖面，以此作为一种工具，确定在其职权范围内可纳入性别观点的项目。这些指标的数据由多个国际组织提供，包括国际劳工组织、国际电信联盟、议会联盟、经济合作与发展组织、联合国、世界银行、世界经济论坛和世界卫生组织等。

2019年的盘点由涵盖2008—2018年期间的95个指标组成。虽然大多数指标的数据包含可获得的年度信息，但有些指标尚未有数据更新，如自2015年以来，关于水源和卫生设施的数据没有更新，而关于妇女在进入公共空间方面所面临限制的数据在2014年之后也没有生成；此外，一些数据也不完整，妨碍了亚太经合组织区域的评估，如科学、技术、工程和数学领域的女毕业生百分比以及研究和发展领域的妇女百分比等数据很难获取。

针对 PPWE 优先领域，有关妇女议题获取的主要合作成果如下。

一、获得资本和资产

在亚太经合组织大多数成员体中，妇女的财产权和继承权一直受到法律的保护。土地和财产的所有权以及平等的继承权为妇女提供了收入和保障，这可能影响其当前和未来社会经济状况，如妇女可以利用她们的资产作为抵押，申请创业贷款。2018 年，在亚太经合组织所有成员体中，未婚男女拥有平等的财产权；亚太经合组织 19 个成员体的已婚男女享有平等的财产权；在继承权方面，亚太经合组织 18 个成员体赋予子女以及男性和女性平等的权利。相比之下，信贷受到性别和婚姻状况的限制。不到一半的 APEC 成员体现行法律规定对债权人不得有性别歧视，还有较少的成员体颁布法律禁止依据婚姻状况获得信贷方面的歧视，这些措施对妇女的金融包容和减贫产生了有利的影响。

但是，亚太经合组织各成员体缺乏收集有关小额贷款、零售贷款满意度和公用事业账单支付关键信息的机构，这增加了妇女获得信贷的障碍。这些类型的信息有助于中小企业获得信贷，其中许多是妇女拥有的企业。此外，这些信息有助于信贷提供者了解小额借款人的信誉，特别是那些信用记录不足的借款人。在妇女参与劳动力市场方面，虽然男女劳动力参与率保持稳定在 77%左右，但在过去 10 年中，从事经济活动的妇女比例一直在下降，从 2008 年的 59.7%下降到 2018 年的 57.8%。这一数字还表明：妇女工作中的正规程度很低，因为在金融机构储蓄的妇女所占百分比远低于从事经济活动的妇女所占百分比。2017 年，只有 33.9%的 15 岁及以上的妇女在金融机构储蓄，这意味着亚太经合组织的许多劳动妇女的工资没有存入储蓄账户。

二、市场准入

亚太经合组织的一些成员体已经改进了法律，允许妇女与男子有同样的劳动力市场准入条件；然而，由于许多 APEC 成员体仍然存在影响妇女的法律限制，妇女仍然面临来自监管方面的挑战。一方面，令人鼓舞的是，所有 21 个 APEC 成员体都允许妇女与男子一样在晚上工作，18 个 APEC 成员体制定了法律，确保妇女在招聘阶段伊始就享有平等的就业机会；这些成员体也允许妇女在工厂从事与男子同样的工作；另一方面，较少的成员体在法律上允许非怀孕和非哺乳妇女从事与男子相同的工作，APEC部分成员体允许妇女在非传统部门工作，如采矿业和建筑业，也允许妇女从事体力要求较高的工作。这些结果表明：尽管在改善妇女就业机会方面取得了一些进展，但在性别方面仍然存在歧视性做法，阻碍妇女进入劳动力市场，妇女在劳动力市场上仍然面临着法律挑战。亚太经合组织地区的女性失业率在2009年达到4.9%后，到2018年下降至3.7%；此外，在同一家庭亲属经营的机构中工作的自营职业者或被供养的妇女家庭成员的比例也不断下降，从2008年的12.8%下降到2018年的9.0%。这些指标所追踪的结果表明，妇女就业环境得到改善。

亚太经合组织作为一个区域组织，需要确保涵盖就业机会和职业发展的现有法律框架相一致的条文。值得注意的是，大多数APEC成员体都颁布了惩罚或防止解雇孕妇的法律以及规定休产假的法律，但在21个成员体中，只有11个成员体保证雇员在休完产假后能返回原岗位或同等职位。此外，在亚太经合组织21个成员体中，只有10个成员体出台法律法规保证育儿假，并为儿童保育服务费用支付提供减税的优惠。在一些成员体，由于没有法律法规保障妇女在分娩后重新进入劳动力市场，无意中惩罚了拥有工作岗位的妇女，这些职业女性因为没有法定育儿假期而难以平衡家庭和工作责任，而昂贵的育儿服务费用使其进退两难。

从事同样或类似工作的男女雇员不同工同酬是解决妇女问题的另外一个挑战，需要立法为从事同等价值工作的男女提供同等报酬。不过，亚太经合组织地区只有少数几个成员体颁布了此类法律。同样引人注目的是，亚太经合组织21个成员体中有19个没有法律禁止雇主在面试时询问候选人的家庭状况，这属于歧视性的招聘做法，因为这与评估应聘者的工作能力无关，相反，这类询问可能使女性候选人处于不利地位。

三、技能、能力建设和健康

妇女的教育水平和健康状况影响她们参与经济的程度和质量。在受教育程度方面，APEC地区妇女在识字率以及小学、中学和高等教育入学率方面几乎与男子持平，从2008—2018年，这一水平一直保持在98%~99%。与此同时，APEC地区中学阶段技术或职业课程的女生人数从2008年占中等职业课程总人数的 48.1% 下降到 2016 年的 44.7%。随着越来越多的妇女愿意接受更高水平的教育，以上数字可能下降更多。事实上，亚太经合组织地区高等教育女性学生的比例从 2008 年的 51.9% 上升到 2016—2017 年的 52.6% 左右。

多年来，亚太经合组织育龄妇女（15~49 岁）贫血患病率不断恶化，2008—2016 年间，这一年龄组妇女贫血患病率从 18.7% 升至 23.4%。有关亚太经合组织妇女健康的其他指标也显示出情况在进一步好转，如该地区孕产妇死亡率的下降，从 2008 年的每 10 万人生产中有 61 人死亡，到 2015 年的 43 人死亡；而由熟练的专业卫生保健人员协助生产的成功率从 2008 年的 93.5% 上升到 2016 年的 97.6%。

与此同时，亚太经合组织大多数成员体已采取措施，通过制定处理和惩罚家庭暴力的法律法规，确保对妇女的保护。一些 APEC 成员体通过设立针对家庭暴力案件的专门法庭或执法程序加强了这些法律的执行力度。此外，近年来 APEC 地区保护妇女的另一个重要趋势是更多的 APEC 成员体已采取措施制定法律法规，打击工作场所的性骚扰；2009—2018 年，向员工提供法律保护以防止性骚扰的亚太经合组织成员从 12 个增加到 16 个。

四、参与领导、发出妇女声音和参与制定机制

立法不完善和已有体制限制构成了结构性障碍，限制了妇女在社会经济中获取机会的可能性和参与度，这些不足导致妇女在政治领导中的作用没有得到充分发挥。尽管妇女参政议政的人数有所增加，在过去 10 年中即使达到了 20%~22% 的峰值，但比例仍然很低。2008—2018 年，APEC 地区妇女在最高政治决策层的代表性发生了积极但微小的变化，妇女在参政议政中所占的席位比例反映了同比 10 年期间数字在逐渐增加。但是，2016 年，据统计，APEC 地区担任部长级职位的妇女比例仅为 19% 左右。让妇女参政议政是解决性别歧视问题的关键，因为妇女在政治决策中的代表性对于促进制定和执行旨在确保权利和机会平等的政策时至关重要。

值得肯定的是，已婚和未婚妇女在申请护照、登记企业和签署合同时，遵守与已婚和未婚男子相同的要求和程序，体现了平等性。在亚太经合组织中，男性和女性在法庭上的代表权也大体相同，如在亚太经合组织 21 个成员体中，20 个成员体的女性证词与男性证词具有相同的证据权重。这些现象表明：亚太经合组织各成员体正朝着赋予女性同等权力的方向迈进。

五、参与创新和技术培训

科技给女性带来了很多潜在的机会，科技正在改变商业模式，特别是允许以快速、方便和安全的方式进行在线交易。近年来，全球上网进行日常交易的人数大幅增加，这一增长在亚太经合组织地区最为明显：2008—2017年，亚太经合组织互联网用户的比例几乎翻了一番，从32.3%增至60.1%；这也反映在15岁及以上的女性使用互联网支付账单或在线购物的人数上面，这一数字几乎也翻了一番，从2014年占女性总人口的24.6%增加到2017年的44.4%；在15岁及以上的男性人群中也出现了类似规模的增长。

互联网交易被广泛使用是由于一系列因素造成的，包括移动技术的成熟与使用成本的降低。在亚太经合组织地区，手机用户数量超过了人口数量，手机在购买力评价中，平均每分钟使用成本从2008年的0.46美元稳步下降到2017年的0.22美元。如今，政府也能够提供更好的在线服务，因为衡量政府在线服务效率的指数已从2008年的0.6增至2018年的0.73，相当于政府向民众提供在线服务的质量提高了21.6%。

因为与亚太经合组织区域妇女参与创新和技术有关的数据仍然很少，因此，无法计算亚太经合组织在这方面的总量。根据2015—2016年的最新数据，在理科毕业生或研发人员中，女性仍然占少数。亚太经合组织只有一个成员体报告说，该领域女性毕业生占50%以上；同样，只有一个APEC成员体在研究和发展领域拥有大多数女性研究人员。女性参与创新和技术培训任重道远。

第三节　APEC地区妇女参与经济的盘点与展望

一、APEC地区妇女参与经济的盘点

2019年亚太经合组织妇女和经济盘点的调查结果指出：近年来，妇女在某些领域取得了重要进展，也突显了APEC成员体在帮助妇女缩小性别差距和平等获得机会方面有未完成的工作。令人鼓舞的是在劳动力市场上为妇女找到更好的工作条件，如在所有APEC成员体中允许妇女与男子一同在晚上工

作，并得到大多数APEC成员体法律的支持，以避免在招聘时面临性别的歧视。此外，在继续保护妇女的财产权和继承权的情况下，获得资产的机会仍然很高，这一事实可以提高妇女的经济收入，从而产生连锁反应，在其社会保障上产生积极影响，并使妇女有权作出就业决定。妇女更多地参与经济将有利于减少或消除对妇女歧视，也可以对制定和执行相关政策和法律产生积极影响。

然而，APEC论坛仍然需要正视现实存在的差距，这主要是由于多年来一直未变的立法措施，反映出亚太经合组织需要集体努力解决这些问题。与男子相比，亚太经合组织如何为妇女的职业发展创造适当的条件，存在着长期而顽固的障碍。亚太经合组织大多数成员体都没有立法规定从事同等价值工作的男女报酬相同，而且普遍缺乏对有小孩的女性团体的支持和关爱。不完善的就业立法和不充分的帮扶制度对妇女构成挑战，特别是在维持家庭生活和工作责任之间的平衡方面，造成了对工作妇女的歧视。在获得信贷方面，妇女也面临限制，因为亚太经合组织区域只有少数成员体有法律禁止债权人基于性别和婚姻状况的歧视。另外，还必须要监控亚太经合组织地区妇女的健康和福祉状况，特别是遏制15~49岁妇女贫血患病率上升的趋势，因为这可能对妇女参与经济活动产生不利影响。此外，数据显示：无论是在私营部门还是在政府部门中，担任领导职务的妇女都非常少，妇女在决策职位上的代表占比很低，这背后有着复杂的原因，理解和解决这些制约因素将有助于亚太经合组织妇女事业的发展。

为了制订出有助于APEC成员体解决这些问题的工作计划，必须在亚太经合组织和相关论坛开展更多的跨界合作。在前述领域进行改革，不仅要依靠解决妇女问题的机构，而且要依靠相部门，如处理劳动和教育问题的机构、APEC财长会机制和卫生工作组。在数据收集方面，虽然公众认识到近年来关于性别问题统计数据的提供情况有了显著改善，但盘点指标中的数据差距表明还需要做更多的工作。PPWE工作组根据优先事项统计的数据表明，缺乏的最新数据主要集中在技能、能力建设、卫生、创新和技术等方面，如只有少数APEC成员体报告了科学、技术、工程和数学领域女性毕业生的百分比，这在很大程度上限制了盘点工作明确关于亚太经合组织地区妇女地位的全面性和数据支撑能力，并限制了决策者考虑现有情况制定有效政策的能力。

盘点工作是一项相关联且有效的工具，可以协助亚太经合组织确定与

PPWE 五个优先领域有关的妇女参与经济进展程度盘点，寻找差距和弱点，执行以数据为支撑的措施，并取得明确目标的成果。从这个意义上说，亚太经合组织需要继续盘点指标清单，确保盘点工作适应新时代，覆盖衡量妇女参与经济和社会的相关领域，如设立农村和城镇地区基础设施状况、改善地区水力设施的指标，特别是涵盖这些指标的数据非常重要；但是，自 2015 年以来数据获取较为困难。

此外，在这个技术日新月异的时代，公众的经营和日常交易方式正在发生变化，亚太经合组织可以密切关注与数字相关的数据，以便在该地区的数字应用水平方面提出广泛的建议，这些建议可能对妇女创造就业机会产生影响。未来亚太经合组织成员体可以考虑收集经济中有关数字基础设施状况的数据，这些数据涉及互联网连接的速度和可靠性，男性和女性使用网上银行或金融账户的人数，或公众使用互联网的行为（即以更快、更方便的方式获取申请工作的信息，或建立业务或个人关系等）。

工作盘点是一个很好的开端，可以阐述出妇女获得平等机会的条件。亚太经合组织各成员体应继续努力寻求有效的变革，以造福妇女参与经济的机会，这意味着不仅要制定新的法律法规，而且要贯彻执行这些法律法规。此外，还需要做更多的工作改变社会歧视妇女的文化和思维方式。为了解决影响妇女创业的歧视性问题，应采取更多的行动，提高公众对性别歧视所带来问题严重性的认识。

二、APEC 地区妇女参与经济的展望

增加女性经济赋权、缩小性别差距不仅仅是公平性的问题，也是实现和谐发展的必经之路，是促进妇女平等发展的重要措施。增加女性经济赋权，将促进普惠性经济增长，促进家庭和社会的和谐，缓解和消除家庭贫困，有利于为儿童提供更加优质的教育和成长条件。在亚太经合组织框架下，女性的地位和作用不断得到增强和肯定。从立法规划到决策管理，从技术创新到区域合作，女性的能力和潜力不断展现。妇女是物质财富和精神财富的重要创造者，是促进发展的关键因素，妇女的参与方式和参与程度，不仅关系自身发展，更直接影响全社会未来的发展方向。

性别平等在实际生活中面临挑战。女性是推动经济发展的重要力量，但是各成员体在提升妇女地位，使女性与男性享有同等机会和资源方面，仍面临

不小的困难。亚太各成员体应拿出更多具体而有效的措施推动性别无差别意识主流化，消除阻碍妇女充分发展的各种障碍，为妇女发展提供更好的环境。女性应更多参与到社会活动中，进一步增强领导力，在自我意识、自我选择、可以掌握自己的生活、有能力影响社会发展的方向等诸多方面进一步凸显自己的独特地位。妇女在经济生活面临的诸多困境中，低收入、低职位成为一个比较突出的问题。

让女性从繁重的家庭事务中解放出来，是未来解决妇女问题需要迈出的实质步伐。造成这种现象的原因之一，是传统的繁重的家庭事务和抚育职责倾向所致。30 岁的女性就业率降低，对家庭的照顾在很大程度上影响了工作，家务无疑占据了她们大量时间。为此，各成员体也相应制定出一系列政策措施，包括避免儿童等待的负面清单、优化托儿设置、增加育儿假福利等，此外，还有鼓励妇女在行政岗位任职、在公共设施里面设置便利措施、提供更加优质的儿童托管服务等措施。政府还将更多投资用于帮助失业妇女获取更多就业机会，给创业女性更多资金支持。为解决家庭工作平衡的问题，在如何解决妇女的家庭工作平衡方面提供咨询和培训。

APEC 在 2019 年第三次高官会期间，制定了"科学、技术、工程和数学领域的妇女原则和行动"，强调鼓励妇女参与该领域行动以及提高她们在这些领域能力的重要性。由此制定了三项原则：一是原则中的妇女对于可持续的经济增长和强大的科学技术创新至关重要，科技领域的性别多样性为 APEC 成员体带来了更多的创新和经济效益，并使科技整体更加强劲。二是增加妇女在该领域事务中的代表性。在 APEC 地区范围内，教育、职业和创业等方面存在就业、薪酬、资金、培训、研究和其他方面的性别差距，这使得无法充分发挥和挖掘经济和社会潜力，因此，需要增加妇女在这些领域中的参与度和代表性。三是克服社会、文化和经济方面的障碍。某些社会和经济规范使女性无法拥有充分参与上述领域的机会，并限制了获得教育、技术和资本资金等关键资源的机会。在这些准则得到解决之前，仅靠政策和措施是无法解决女性在科学技术、工程和教育等领域中工作和创业面临的挑战。

增加女性经济赋权的核心在于改变落后的性别文化，在立法、政策制定与执行、社会环境重塑、妇女能力建设等各个环节充分关切妇女的普遍和特殊需求，科学公平地配置资源，促进妇女在就业、薪酬、贸易等各个环节获得平等的机会与权利。APEC 各成员体应采取有效措施，将妇女发展纳入宏观经济和社会发展规划,支持和推动妇女提高素质、展现优势、平等发展,确保经济发展成果惠及包括妇女在内的所有人群。

APEC 未来应开展一项经济影响研究,以证明实施包容性结构改革以促进妇女充分参与劳动力市场将获得的经济效益;APEC 还将《2020 年亚太经合组织经济政策报告》的重点放在促进妇女经济参与的结构改革上面。由于这些结构性问题是更广泛的经济增长的关键障碍,因此,有必要在 PPWE 之外更多地关注和强调这些问题。PPWE 应与亚太经合组织工商咨询理事会合作,促进与私营部门就政府如何支持企业解决妇女劳动力市场问题进行更多对话。ABAC 可以促进围绕政府政策和改革的对话,激励私营部门促进妇女参与劳动力市场,解决工作场所的性骚扰问题,并鼓励更好地公开报告有关薪酬和领导职位按性别分列的数据。APEC 应制定一份区域指导文件,说明在制定和修订新的或现有的与劳动有关的政策、法律和法规时,如何使妇女的观点和见解参与其中。

第八章 粮食安全路线图

第一节 APEC 粮食安全路线图的概述

一、APEC 粮食安全路线图 2020 年目标

亚太经合组织成立 30 年来,在机制建设和多个合作领域取得了引人注目的成果。随着国际和亚太地区政治经济格局的演变,各种内部和外部因素的叠加给 APEC 带来了新的机遇和挑战。APEC 与时俱进,对新时期的亚太区域经济合作进程做出新的顶层设计和整体规划。作为中国加入的第一个区域经济合作组织,APEC 给中国带来了多方面的政治和经济收益。展望未来,中国要在习近平新时代中国特色社会主义思想,特别是习近平外交思想指导下,进一步推动 APEC 在构建新型国际关系、人类命运共同体、开放型世界经济和"一带一路"建设等方面发挥重要作用。

"APEC 粮食安全路线图"总目标包括:①增加对农业的公共投资;②创造一个有吸引力的商业环境,鼓励更多的私营部门投资于农业;③保护高水平的投资者,包括保护投资者的权利和满足投资者的要求,保护知识产权,包括植物品种保护;④加强亚太食品安全信息平台的信息;⑤通过该信息平台分享农业投资的良好实践;⑥在公私伙伴关系框架内,利用公私伙伴关系机制,编制未来发展基础设施项目清单;⑦在亚太经合组织成员体中发展一个运作良好、协调良好的运输和物流网络;⑧通过发展粮食市场和供应链等基础设施,减少收获后的损失;⑨参照农业和粮食系统制定负责任投资原则和商业计划框架,开展相应的活动;⑩制定利用冷链等基础设施发展食品工业的政策和路线图,通过公私合作伙伴关系在选定的 APEC 成员体中启动若干冷链基础设施建设试点项目;⑪促进有助于粮食安全和营养的负责任农业投资;⑫在与国际金融机构(银行、基金等)合作的框架内,支持旨在加强亚

太经合组织成员体粮食安全的投资项目；⑬传播关于使用信息技术的知识，以便能够使用"精确耕作"技术；⑭解决供应链贸易壁垒包括市场准入、边界管理、电信和运输基础设施等。

二、"零饥饿行动"

"APEC 粮食安全路线图"设定到 2030 年实现"零饥饿"这一可持续发展目标，在实现过程中，APEC 每个成员体、每个公民都可以发挥作用，而且每个公民都可以通过不同的方式为实现这一目标做出贡献。APEC 地区可以学习如何使用更少的资源扩大生产，寻找减少食物损失和浪费的方法，摄入更健康、更可持续的饮食，并敦促其他地区和相关机构共同朝着这个目标努力。"零饥饿行动"包括：①通过加强国际合作，增加对农村基础设施、农业研究和推广服务、技术开发和动植物基因库的投资，提高发展中成员体特别是最不发达成员体的农业生产能力；②根据"多哈回合"谈判结果的授权，纠正和防止世界农业市场上的贸易限制和扭曲，包括取消所有形式的农产品出口补贴和具有同等效果的所有出口措施；③采取措施，确保粮食商品市场及其衍生品的正常运作，并促进及时获取市场信息，包括粮食储备信息，以帮助限制粮食价格的极端波动。

三、建设有韧性的基础设施以促进可持续工业化和创新

工业革命到来之后，经济发展迅速，公众并未意识到工业革命带来的污染难以解决。时至今日，APEC 各成员体仍在为保护各种资源而努力；同时，公众更加关注医疗建设、交通运输设施、教育事业等提高人类福祉的问题，设定了如下目标：①在地区内部和跨境方面，建设质量更高、具有可持续性、有韧性的基础设施，以保障人类福祉，推动经济全面发展，并且让所有人都能负担得起并公平地获得；②推动包容性和可持续工业化，到 2030 年根据各成员体的具体情况进行调整，期望提高工业在成员体内生产总值和就业的占比；③鼓励中小型企业的发展，尤其对于发展中成员体的小型工业和企业，尽可能提供给它们金融上的支持，促使它们融入市场，更好地参与到市场的运转中去；④到 2030 年，对基础设施进行阶段性升级，改良工厂的运转方式，朝着可持续性的方向进行，工业流程尽量以对环境无害的技术为主，所有成员体根据各自能力采取行动；⑤继续在科研方面努力探索，持续性的培

养创新性人才，发展中成员体应注意提高工业所需的技术能力，到2030年，给研究人员提供的研发支出所需金额需要大幅度增加；⑥对非洲、内陆发展中经济体、最不发达地区和小岛屿提供资金、技术支持，促进其有韧性和可持续的基础设施发展；⑦大力支持发展中成员体在其内部的技术研究、发展和创新，鼓励工业多样化，促进商品增值等有利的政策环境；⑧到2020年在最不发达地区，提供可负担且普遍的互联网接入，以增加世界各地对信息和通信技术的应用。

四、确保可持续的消费和生产模式

"APEC粮食安全路线图"建议确保可持续性的消费和生产模式，参见联合国可持续发展目标：①"执行可持续消费和生产方案十年框架"，所有成员体都采取行动，发达成员体带头，兼顾发展中成员体的发展能力；②到2030年，实现对自然资源的可持续管理和有效利用；③参照联合国可持续发展目标，到2030年，将消费者人均粮食浪费减少一半，并减少生产和供应链上的粮食损失，包括收获后的损失；④到2020年，按照商定的国际框架，实现化学品和所有废物在其生命周期的无害环境管理，并大幅减少其向空气、水和土壤的排放，以尽量减少其对人类健康和环境的不利影响；⑤到2030年，通过预防、减少、回收和再利用，大幅度减少废物的产生；⑥鼓励公司，特别是大型和跨国公司采取可持续性做法，并将可持续发展信息纳入其报告周期；⑦按照成员体政策和优先事项，促进可持续的公共采购做法；⑧到2030年，确保APEC地区公众都拥有有关可持续发展和与自然和谐相处生活方式的信息和意识。

第二节 APEC粮食安全路线图的盘点

APEC粮食安全路线图旨在加强农业技术合作工作组、粮食安全伙伴政策关系与亚太经合组织其他机构（如贸易和投资委员会、食品安全合作论坛及其伙伴培训机构网络、海洋和渔业工作组以及农业生物技术高级别政策）的交流与协调。通过盘点，APEC可以：①建立鼓励粮食生产和贸易的机制，改善粮食库存和穷人状况的安全网，发挥贸易在稳定粮食价格方面的作用；②提高APEC所有农户的农业效率；③加强农业和渔业部门的可持续发展；

④促进农业部门投资和基础设施建设;⑤加强贸易和市场;⑥减少食物损失和浪费;⑦改善食品安全和营养。自 2012 年建立粮食安全政策伙伴关系论坛、2013 年起草《亚太经合组织 2020 年粮食安全路线图》和 2014 年修订并最终批准此路线图以来,为实现这些目标,APEC 各成员体做出了巨大努力,积累了宝贵的经验和知识。取得的进展包括以下几个方面。

一、促进农业包容性发展

APEC 成员体为促进农业包容性发展做出了一贯努力,如越南提出于 2017 年批准《亚太经合组织加强粮食安全和质量增长的城乡行动计划》;日本、泰国和智利在 2017 年和 2018 年执行亚太经合组织关于促进亚太地区农村与城市发展的粮食价值链研讨会、关于农业公私伙伴关系研讨会等项目,以分享促进农村与城市联系的良好做法,加强农村地区对亚太地区粮食安全的贡献,促进城乡协调发展;巴布亚新几内亚在 2018 年将农业领域对妇女问题的审议提高到了一个全新的水平,这是包容性发展的一个关键但往往被忽视的标志。

二、改善商业环境

新西兰通过多年推进食品服务项目,坚定不移地推动 APEC 成员体解决农产品贸易壁垒和改善市场准入条件。几乎所有的 APEC 成员体都非常重视改善中小企业的经营状况以及公私伙伴关系在食品体系创新中的高效模式开发与实践分享。《亚太经合组织食品安全业务计划(2014—2020 年)》和《加强亚太经合组织食品标准和安全保障互联互通行动计划》于 2014 年获得批准,中国于 2014 年举办了"食品安全与贸易政府与企业对话会"和"亚太经合组织食品技术、设施与资源展览会",公共和私营部门之间的深入参与和互动是公私部门的一贯追求。

三、实现可持续性

中国在 2016 年秘鲁皮乌拉第四届 APEC 粮食安全部长级会议上提出了 APEC 成员体践行农业可持续发展的倡议,组织召开了多次相关研讨会,如 "APEC 农业土地利用及其影响研讨会""APEC 地区粮食生产与粮食安全研讨会""APEC 农业可持续发展路径探索研讨会"。智利、秘鲁和越南从 2016—

2018年的项目始终集中在研究与气候变化和水资源管理有关的问题，这些问题对该地区的粮食安全构成重大威胁。《亚太经合组织减少粮食损失和浪费行动计划》于2014年获得批准，随后付诸实施。中国台北近年来一直致力于宣传减少粮食减损，并每年举办研讨会，建立粮食减损资讯分享平台，与其他成员体分享相关的方法。日本等成员体也积极参与了这一领域。

四、传播数字技术

与亚太经合组织最近对数字经济的强调相呼应，涉农论坛在传播智能农业方面做了大量的工作。中国在这方面也做了大量工作，召开了诸如"APEC遥感与GIS技术在作物生产能力中的应用研讨会""APEC遥感与GIS技术在作物生产中的应用培训班""APEC科技创新合作提升粮食生产系统附加值及农业可持续发展""APEC科技创新与合作促进可持续和包容性农业发展研讨会""基于作物生长模型技术交流促进APEC地区农业科技合作培训班"等活动。韩国始终热衷于该领域，在这方面开拓先河，启动了多个项目，从2017年的可持续增长智能农业倡议，到2018年和2019年的农业使用信息通信技术的智能农业培训计划，这些活动不仅通过课程和演讲分享有价值的信息，而且通过访问企业、研究机构和小农户，生动地展示了智慧农业在这一领域的蓬勃发展。在2019年的公私伙伴关系会议和相关活动中，智利介绍了数字技术在农业和农产品供应链中的应用情况，较为深入和全面，并举例说明了其独创性、实用性和效率，实现了有力结合。

第三节 APEC地区面临的潜在粮食危机

粮食危机是指包括粮食短缺、产量锐减、价格涨幅过快的危机。据联合国粮农组织的数据显示，食物不足的出现频率在世界范围内呈下降趋势，2012—2014年约有8亿人长期受到饥饿的困扰，相对于过去的10年减少了1亿多人。从上述情况可知，在世界范围内，饥饿人口的数量正在持续减少。近年来，通过科技等先进手段，使全球性的粮食危机得到了很大程度上的缓解，从总体来看，有着光明的未来，但着眼于全球各个区域，不同国家和地区有着不同的背景，因而经历着不同的境遇，如西亚及南非地区因为地理位置、气候影响等因素受到自然灾害的冲击较大，人为的力量在自然面前显得薄弱，因此，该地区的粮食危机仍未得到较好的解决。其他地区，如拉丁美洲和加勒比地区，在粮食安全方面做了较大的努力，并且取得了一定的成果。

联合国近日公开的一份全球粮食危机报告中提到，国际社会已为维护粮食安全做出了积极努力，但全球范围内处于饥饿状态的人数依然在增加，超过1亿人的粮食安全无法得到有力保障。2015—2016年，全球范围内面对粮食不安全的人数猛增2 000多万，并且正在持续攀升中。造成此次粮食安全危机和当地粮食的市场价格上涨现象的原因与导致极端天气（如不稳定降水、干旱）有关。当然，正如《2017年全球粮食危机》报告所言，最严重的人道主义危机多为内部冲突所致，和平与粮食安全之间联系密切，多地局势动荡不安也是造成粮食危机的一大原因。因此，在使用人为手段改良农作物，提高抗灾能力和产量的同时，也要注意对人道主义的建设。APEC需要尽快做好准备，采取实质行动对正处于粮食不安全的民众伸出援助之手，防止更多的人死于饥饿。

一、APEC地区的蝗灾威胁

联合国粮农组织表示，3月下旬的大范围降水使东非的蝗虫数量急剧增加，肯尼亚、埃塞俄比亚和索马里的当前形势令人极为担忧。这些蝗虫将于5月产卵，卵会在6月底至7月孵化，而此时正值收获季。蝗灾将使地区粮食安全和民众生计面临前所未有的威胁。在通常情况下，蝗虫卵完成发育需要潮湿的土壤吸收水分。肯尼亚等东非国家3月进入长雨季，降水使土壤湿润，植被茂盛，有利沙漠蝗虫快速生长繁殖。蝗群从非洲东部迅速移动，经中东进入亚洲，并到达APEC地区。APEC地区一些成员体如泰国、越南，包括中国在内都有可能受到蝗灾的威胁。

二、国际合作面临的挑战

2020年的突发疫情，使得全球经济增长减缓。全球一些国家和地区无法及时复工复产，社会经济状态不甚乐观。与以往多为气候影响带来的自然灾害、人道主义冲突等所致的粮食不安全不同，突发事件带来的粮食不安全更加复杂，涉及的社会层面更广。同时，突发事件前后，由于人员流动的限制，APEC成员体合作又面临着一些消极影响，共同应对粮食安全问题的难度将加大。

APEC发展中成员体的粮食生产问题值得关注，这些成员体可能不仅面临着公共卫生资源的缺乏，还面临着因经济未恢复、气候变化等带来的粮食安全危机。全球的粮食储备量充足，只是目前交通运输方面的限制，使得一些救助变得举步维艰。

第四节　APEC粮食安全未来发展的展望

一、2020APEC粮食安全展望

2020APEC东道主马来西亚建议亚太经合组织涉农论坛将"重新调整努力方向，实现可持续发展，保证粮食安全，繁荣未来"作为2020年倡议的主题。该主题旨在支持亚太经合组织2020年议程，而该议程旨在实现亚太经合组织成立的根本目标，即实现可持续经济增长，体现亚太地区真正包容的共享繁荣精神。因此，拥抱经济的多样性并预测即将到来的挑战，如人口增长、资源稀缺、生活方式的改变、饮食结构的变化、人口老龄化、快速城镇化和气候变化，需要即将到来的工业革命4.0克服它对食物链造成的破坏。2020年APEC涉农论坛旨在体现共同繁荣的重要性，希望通过发达成员体和发展中成员体共同努力，在亚太经合组织地区解决粮食安全问题，争取双赢多赢的局面，通过贸易交流和技术合作的积极贡献保证粮食安全，缩小成员体之间的不平等。为达到此目的，需要APEC成员体利用、优化各自的优势，相互帮助解决粮食不安全问题。因此，APEC需要建立一个可持续的、全面的和能够应对挑战的粮食安全机制。

二、关键的优先合作领域

粮食安全是一个涉及经济、社会、环境或技术的广泛、复杂、多维的课题。因此，建立一个包括从食品生产到食品垃圾管理所有环节的可持续食品系统至关重要。根据这些原则，APEC需要制定粮食安全合作的优先事项，可以围绕三个优先领域开展合作，即可持续性、包容性和新兴技术。

1. 可持续性

粮食的可持续性是确保系统中粮食持续供应和满足需求方在质量或数量上

要求的主要组成部分。维持该系统的运转需要自动化、良好的资源管理、公平的收入、具有针对性的研究和开发以及开展系统性的贸易和合作，以保障APEC地区粮食的供应、获取、加工，稳定供应链。由于气候变化的频率和强度不断增加，全球变暖影响了粮食生产；相反，在一些地区，粮食生产因全球变暖导致的冰雪融化造成的过多降水和洪水而中断；这些环境挑战可能会影响粮食系统，对粮食生产造成压力，导致粮食价格上涨，抑制供应链，威胁食品供应，增加可获得性的成本。

在呼吁可持续粮食安全的同时，除了建立一个强健的、能够适应气候变化的粮食安全体系之外，还必须采取减缓气候变化的行动。这预示着亚太经合组织关于粮食安全和气候变化多年战略框架仍然具有非凡的意义。据联合国粮农组织估计显示，2018年全球有9.2%的人口面临粮食不安全问题；只有粮食消费量增加，饥饿的可能性才能减少。全球范围内，大约有13亿吨粮食，即为人类生产的可食用部分的1/3，不是损失掉了就是浪费了，这对于保证粮食安全极为不利。饥饿与粮食浪费这种矛盾表明了供应链的低效率，需要解决这一问题，以确保在亚太经合组织区域内可持续的粮食系统结构成为可能。循环经济在粮食生产中的应用将系统地减少粮食损失和粮食浪费，同时通过循环项目创造经济活动。通过供应链的价值创新，技术进步在提高废物管理效率方面发挥了最大的作用。可持续发展需要更有效地利用可用耕地，解决水供应问题，发展和采用改进的环境友好种植方法以增加产量。

2. 包容性

必须承认，APEC地区弱势群体在充分参与全球经济活动方面往往面临重大障碍；此外，还需认识到，脆弱的人群还有待发掘的潜力，如2018年亚太经合组织部长们审议了一些比较有意义的措施和方式，借以推动亚太经合组织应对挑战，通过增强妇女参与数字经济活动的能力，利用创新技术促进性别平衡、创业精神和增加市场机会，提高妇女的领导力。2020年，将扩大到包括妇女和青年参与农业经济活动；同时，将优先提高妇女在农业领域的作用和贡献，增强粮食安全领域的性别平等。这一努力将通过创造额外收入的方式而影响到农户家庭的生活水平。与农户的收入状况和生活水平相比，他们在农业中的作用是巨大的。2020年，APEC将增强青年的权能，无论性别如何，增加青年的参与度，可以提高始终在下降的农业人口比例。

除此之外，考虑到人口增长本身的因素，到2050年全球粮食产量预计将增长 70%；同时，人口老龄化预计将更为严重。这表明粮食生产的连续性和粮食安全的可持续性高度依赖于青年，因此，鼓励青年从事农业极为重要，要确保农业部门有足够的人力，避免粮食生产能力在满足日益增长的人口需求方面的不确定性。APEC 的农业部门必须对青年有足够的吸引力，以探索农业的潜力；另一方面，应该建立更多的机制，支持和鼓励青年参与该部门。在认识到需求的基础上，APEC 相关论坛将明确青年参与农业领域面临的挑战，并为吸引青年从事农业职业制定战略。

包容性另一个优先事项是农村发展，考虑到越来越多的人从农村向城镇地区迁徙，使土地无人照管。在 APEC 发展中成员体，城镇化预计将在未来几十年蓬勃发展，到 2050 年，大约 66% 的世界人口将生活在城镇地区，这既反映了城市人口在不断地增加，也反映了农村迁徙率的增加，可能对农业生产力造成影响，导致粮食不安全的风险。城镇化的过程和不断扩展的城镇表明了土地使用的竞争现实和农业用地面积的减少情况；然而，两者都有其重要意义，城镇化与经济发展密切相关，不可避免，而农村一定量劳动力的存在对持久的粮食安全至关重要。因此，APEC 下一阶段工作任务将是创造一个可持续的粮食安全环境，要求包括农村和城镇共同发展，体现包容性增长。

3. 新兴技术

新兴技术是实现可持续性和生产力发展的重要手段。亚太经合组织发展中成员体可以考虑从已经拥有先进农业技术的发达成员体引进富有成效的技术援助投资，帮助欠发达成员体的农民实现现有业务的现代化和自动化。必须加快在粮食生产中采用高科技的步伐，以提高农业生产力、粮食产量和农民的收入。必须为传统农民提供适量的资金，使他们能够在生产中实现机械化和自动化。工业革命 4.0 将带来包括农业在内的科技广泛应用，它将为农业提供竞争优势，因为人力短缺可以通过自动化、智能化来弥补。从传统农业方式向高科技农业转变需要巨额投资，这就要求各成员体制定正确的政策，确保正确方向得到资源的输送。

三、APEC 成员体为确保粮食安全开展的工作案例

1. 中国在粮食可持续发展中开展的工作

耕地、水资源的紧缺，生态不平衡发展、气候变化等问题一直是并且在未

来也会是中国农业需要面对的难题，因此，中国需要积极打造生态、高值的粮食产业体系。粮食产业的可持续发展已是当务之急。由此，"生态高值粮食产业"的概念横空出世，其旨在打造一个维护生态平衡的、高效、高质量地生产粮食产业。在21世纪，这种概念将会得到科技力量的协助，同时伴随着中国各地不同的产业环境、公众的审美喜好等差别而个性化发展。

打造生态高值粮食产业，无非是从粮食产品安全、绿色发展、智能化生产、个性化发展粮食产业等方面来解读。其一，确保粮食产品安全，旨在通过科学技术培养新品种，不断优化种群；在这个环节中，考虑一定的气候变化因素是必要的，面对并解决气候变化问题已经迫在眉睫。其二，智能化生产环节；智能化意味着更加系统、更加规范，这种生产方式初期所需要投入的资金较大，且还面临着与土地拥有者合理沟通的问题，这是中国大部分粮食产业依旧是散户产业的主要原因。不过，就如同中央空调初期安装时所需投入资金较大，而后期无论是维护，还是耗能方面花费资金很少，智能化粮食产业也是同样道理，一旦建成体系，将会解放很多农村劳动力，降低劳动力成本，目前来看是大势所趋，只是要走的路还很长。其三，粮食产业绿色发展，此环节主要是减少使用农药、化肥量。气候严重影响粮食产业的发展，粮食产业的不适发展又会影响气候，这种恶性循环是APEC成员体所不愿看到的。人类很多活动都影响气候，如果能够从根源上进行解决，便可实现农业绿色发展。其四，个性化发展粮食产业，山东省某个山区曾有一片土地因为土壤原因，每次种植小麦都不能得到好的收成，几近亏损，经过一番研究后，发现一些中草药十分适应那里的土壤环境和气候，一经实践，中草药获得了丰收，带动了当地公众脱贫致富。同理，对于粮食产业，也应该如此个性化发展。个性化不仅仅指适宜的土地、适宜的气候，还指通过技术培育，使产品符合公众当下需求。

继"互联网+"之后，很多事物不再是单向发展了，而是呈网状多向、散发性发展，将会有更高质量、更高效的效果，创意的碰撞也在时刻迸发出更多可能性。因此，"粮食+"产业的出现也带有时代必然性的意味，单一传统的粮食产业已然不适合这个追求更高效益的时代。举例来讲，很多地区发展"粮食+旅游"产业，在粮食丰收的既得利益上，还能通过旅游业发展餐饮、住宿等服务，以便带动产品周边商业；中国公众热爱旅游，亲眼见证粮食的生产、加工等环节无疑又给他们的心理上带来一种信任感和愉悦感，这就增加了粮食的销量，增强了减少粮食浪费的意识，这种透明化的流程促使生产者追求更高质量、更绿色的生产模式以吸引人群，环环相扣，将会带动着粮食产业绿色发展。

2. 日本在粮食可持续发展中开展的工作

日本水稻生产技术在几十年内呈现出一个巨大的变革，缩短了劳动工时的长度，提高了生产效率，因此，也促进了一批农村劳动力迁移至城镇，使得整个社会的经济得到发展。日本水稻生产注重机械使用率的提高，因此，大幅缩短了耕作、插秧、收获的劳作时间。

日本水稻消费量及消费结构的变化使得大米人均消费量下降较快。大米人均消费量的下降，伴随着机械时代带来的稻米产量过剩，使得大米产业不再单纯地售卖大米，而是寻找相关消费产业以减少损失，比如稻米加工成饲料。由于畜牧业的规模扩大，对饲料的需求上涨，稻米饲料的产业也在增长中。

日本农协是一个民办官助的经济实体，它的存在，使得日本的农产品行业与其他成员体的情形略有不同。其不仅在农产品的经营、销售、服务、保险、提供设施等方面承担责任，同时也提供医疗服务，组织老年群体的福利事业。各级各类农协会参与到涉及农业的各类活动中去，这种运转方式，一方面减少了农民的运作成本，农协下的信用事业单位也可以帮助农户提供其所需要的资金，众多环节的生产资料和生活资料也可以通过农协获得。值得注意的是，农协会员不可以单独获得所需的机械设施，需要经农协制造或购买后提供给社员、联户有偿使用，例如联合收割机、拖拉机、农用仓库、加油站等都可由农协提供。此外，日本一直对农业类机械提供政府扶持，给农民组织、团体购买农业类机械方面提供补贴。在农协的帮助下，直销为辅的大米自由流通，该模式在流通过程中竞争力减小，运送效率提高，使得农业产品的劳作者成为流程中的最大受益群体。同时，这种运作方式带来了水稻信息的透明化、公开化，消费者能够容易了解到水稻生产加工的流程，从而选择自己更为信任的厂家产品。

日本稻米产业传统的销售平台是超市，不过，随着新兴技术的产生与发展，生产者直接销售大米和互联网销售大米也在今天成为大米主流的销售方式。生产者直接销售大米，省去了传统方式中的各种运转流通，降低了成本，省去了中间商赚差价，消费者需要支付的金额也将随之减少，是一个"双赢"的销售模式。而网络销售正是时下最流行的销售方式之一，青年一代在忙碌一天的工作后，大多会鲜于有时间逛超市，因此网络购物正在日渐壮大。同时，平台对物品的筛选，对商家的规范化管理都使得这种购物方式逐步系统且规范，也将获得更多青年群体的青睐，这无疑是一个紧随潮流而又能获益的销售方式。可以看出，这一切都在朝着高效、绿色的方向发展。

主要参考文献

陈寒,2018. 世界劳动力市场中的女性——基于近二十年世界女性就业数据的统计分析［J］. 中华女子学院学报,30（4）：88-97.

丁锋,2019. 对外直接投资政治风险的测评及影响因素研究［D］. 北京：对外经济贸易大学.

丁声俊,2001. 德国近期农业科研的重点与发展概况［J］. 世界农业（8）：10-12.

丁声俊,2011. 德国食品安全保障和食品风险防范措施［J］. 中国食物与营养,17（5）：9-12.

关金森,2018. 外国"智慧农牧业"的做法与经验［J］. 农业工程技术,38（15）：59-75.

郭晓鸣,2020. 合作社是创造荷兰农业奇迹的有力制度支撑［J］. 中国农垦（5）：61-62.

郭晓鸣,2020. 荷兰农业为何能够创造奇迹［J］. 江苏农村经济（2）：67-68.

郭晓鸣,2020. 看合作社模式如何创造荷兰农业奇迹［J］. 中国食品（3）：36-38.

国际劳工组织,2018. 世界就业和社会展望2018年趋势［M］. 北京：中国财政经济出版社.

蒋和平,尧珏,杨敬华,2019. 新时期中国粮食安全保障的隐患与解决建议［J］. 中州学刊（12）：35-41.

蒋和平,尧珏,杨敬华,2020-01-07. 转方式优结构,实现粮食产业可持续性发展［N］. 粮油市场报（B03）.

金岳嵘,张彩霞,2013. 妇女参与APEC新机制简介［J］. 中国妇运（12）：39-40.

李泳琪,2020. 我国智慧农业发展问题和战略对策［J］. 现代企业（8）：

143-144.

刘昌黎,1996. 亚太经济联合的进展及主要成员的战略和态度[J]. 太平洋学报(2):76-83.

吕康银,金星,2019-06-25. 经济包容性增长与女性发展[N]. 中国妇女报(005).

冉红伟,2019. 基于国际比较的中国智慧农业发展的影响因素及策略研究[D]. 重庆:重庆师范大学.

史佳颖,2018. APEC 数字经济合作:成效与评价[J]. 国际经济合作(10):26-30.

史佳颖,2020. APEC 数字经济合作的最新进展及展望[J]. 国际经济合作(1):37-44.

孙盼,2019. 人类命运共同体视域下男女平等问题研究[D]. 长沙:湖南师范大学.

唐丽霞,2020-06-29. 此次国际粮食危机有一些特殊之处[N]. 环球时报(14).

王亚梁,朱德峰,张玉屏,等,2016. 日本水稻生产发展及对我国的启示[J]. 中国稻米,22(4):1-7.

未来智库,2019-09-26. 女性消费场景白皮书 2019[EB/OL]. https://www.vzkoo.com/news/1537.html.

邢文达,2019. 环境税国际协调法律制度研究[D]. 北京:对外经济贸易大学.

杨柳,2019. 中国农产品贸易结构特征与优化路径[J]. 统计与决策,35(24):119-123.

佚名,2016. APEC 粮食标准互联互通研讨会在北京召开[J]. 中国粮食经济(10):5.

佚名,2016. 曾丽瑛副局长出席 APEC 第四届粮食安全部长级会议[J]. 现代食品(19):13.

佚名,2017. 德国农业发展的现状与趋势[J]. 营销界(农资与市场)(4):42-44.

于浩淼,2015. 中国与 APEC 主要经济体农业合作情况研究[J]. 世界农业(4):9-12.

于金宽，何英彬，段丁丁，等，2019. 中澳粮食产品贸易现状及竞争性与互补性分析和展望［J］. 农业展望，15（11）：109-116.

张国军，2016. 亚太区域经济合作机制变迁与中国对策研究［D］. 北京：对外经济贸易大学.

张亚雄，尹伟华，袁剑琴，2015. 我国与APEC主要成员贸易的特点和政策建议——基于贸易增加值核算方法［J］. 中国物价（10）：13-15+19.

智联招聘，2019-03-07.2019中国女性职场现状调查报告［EB/OL］. 光明网. https://economy.gmw.cn/xinxi/2019-03/07/content_ 32614227.htm.

朱丽萌，2007. 中国农产品进出口与农业产业安全预警分析［J］. 财经科学（6）：111-116.

朱秀清，黄凤洪，2004. 中国农产品加工赴欧洲培训结业报告（续二）［J］. 大豆通报（6）：24-27.